Reacties naar aanleiding van een artikel dat Dirk Jan Roeleven schreef in de Volkskrant *over zijn lotgevallen met de nieuwe fiets:*

'Geachte heer Roeleven, via via heb ik uw e-mailadres opgescharreld. Ik wil u even laten weten dat ik met genoegen en ontroering het verslag in *de Volkskrant* heb gelezen van de tocht van Dronero naar Amsterdam. Het zal voor een belangrijk deel de herkenning zijn geweest. Niet vanwege de monstertocht zelf – want zoiets heb ik nooit gedaan – maar wel vanwege het geluksgevoel op de fiets, het gemis van een overleden vader en de muziek (Parker, Morrison, Reed).
Mijn dag ziet er anders uit vandaag. Ik moet als zelfstandig ondernemer (aannemer/meubelmaker) voor de vakantie nog zoveel doen dat ik van plan was om vandaag naar de werkplaats te gaan. Maar na lezing van het stuk gaat dat niet door. Ik ga 100 kilometer op de racefiets zitten. *Eat your pie before you die!'* – Joost

'Wat een ontberingen. Het was zowel komisch als ontroerend, maar bovenal moedig. Jij hebt iets gedaan, terwijl het bij veel mensen blijft bij plannen die ze nooit uitvoeren.' – Kees Driehuis

'Dirk Jan Roeleven heeft nu een verslag van twee pagina's in *de Volkskrant* over zijn monstertocht van Italië naar Nederland op de fiets. Hij heeft er weer een waar epos van gemaakt. Hij schrijft mooi, geeft zich bloot en heeft lef.' *– Runner's World*

'Wat een fantastisch verhaal heb je geschreven. Ik heb het met kippenvel en veel plezier gelezen. Mijn dank voor je heerlijke bijdrage aan onze sport en sportbeleving. *Vive le cyclisme!'* – Meinte

'Je bent een held! Wat een prachtige actie, geweldig verhaal en schitterende foto. Dit zijn echt verhalen waardoor ik niet bang ben om ouder te worden. Dat het merendeel van Nederland slaapt, moeten zij weten, wij blijven erop los leven!' – Mayko

'Dat was een mooi anders-dan-gewoonlijk verhaal in het Vervolg. Romantisch en onbezonnen. Dat slechte weer zat er natuurlijk dik in. Ik ben met een vriend wel eens in de zon uit Frankrijk komen fietsen. Toen hebben we een stuk met de trein gedaan, omdat het te ver was. Daar zat ik over in, totdat die vriend zei: in de Tour de France noemen ze dat een verplaatsing. Toen was het minder erg geworden. Ik heb aan jouw stuk zaterdagochtend veel plezier beleefd.' – Gijs

Dirk Jan Roeleven

De nieuwe fiets

Villar San Costanzo – Amsterdam, 1247 km

Uitgeverij L.J. Veen
Amsterdam/Antwerpen

Eerste druk, mei 2009
Tweede druk, juni 2009
Derde druk, juli 2009

© 2009 Dirk Jan Roeleven en Uitgeverij L.J. Veen

Omslagontwerp Roald Triebels
Omslagfoto Jean-Pierre Jans
Foto's achterzijde omslag Dirk Jan Roeleven
Kaart Erik d'Ailly

ISBN 978 90 204 0816 4
D/2009/0108/720
NUR 320

ljveen.nl
denieuwefiets.nl

Eat your pie before you die
Herman Brood

Voor Theo
17 november 1923 – 23 april 1977

Inhoud

Proloog   9

1. Bergamo – Dronero   15
2. Dronero   25
3. Dronero – Colle di Sampeyre – Dronero, 90 km   36
4. Dronero   44
5. Dronero – Lusernetta, 77 km   63
6. Lusernetta – Víu, 87 km   78
7. Víu – Settimo Vittone, 91 km   89
8. Settimo Vittone – Aosta, 88 km   101
9. Aosta – Martigny, 67 km   113
10. Martigny – Thann, 68 km   143
11. Thann – Münster, 25 km   163
12. Münster – Esch-sur-Alzette, 130 km   178
13. Esch-sur-Alzette – Stavelot, 71 km   194
14. Stavelot – Amsterdam, 117 km   208

Epiloog   222

Proloog

Vijf mannen uit de Lage Landen fietsen aan de voet van de Italiaanse Alpen tegen een berg op. Het is hoogzomer 1994. Na een korte adempauze op de top laten ze zich naar beneden rollen en beklimmen daarna een volgende berg. Van dorp naar dorp trekken ze onder de snikhete zon. Een zesdaagse ronde van ruim 100 kilometer per dag volgens een tevoren zorgvuldig uitgezette route in Piemonte, het noordwesten van Italië, hemelsbreed zo'n 100 kilometer boven de Ligurische bloemenrivièra.

De vijf zijn wielervrienden sinds ze midden jaren tachtig besloten per fiets de Pyreneeën over te trekken. Bindend element: liefde voor popmuziek, sport, literatuur en de fiets.

Ze koesteren bijnamen als *de Wesp*, *Oude Van Dijk* (geschatte leeftijd: 184), *drs. C.*, *'t Fransmannetje*, *v/h Dikke Fred* en *de Vlo* (alias *De Messias van het Mergelland*).

Reuzen als Tourmalet, Aubisque, Galibier, Stelvio, Gavia, Izoard, Madeleine, Alpe d'Huez en natuurlijk de onvermijdelijke Mont Ventoux hebben ze bedwongen. Nooit snel, altijd slingerend, steevast hijgend, vaak zingend en soms vloekend.

Hoe kien ook op de onsjes bagage, telkens heb ik tijdens die tochten een klein notitieboekje bij me en een pen. Daarin noteer ik datum, gereden afstand, gemiddelde snelheid, vertrek- en aankomstplaatsen, de quote van de dag, opmerkelijke gebeurtenissen of juist volstrekt onbelangrijke zaken die ik waardig vind om op te slaan. 'Boekhouder van het eigen leven,' zoals H.J.A. Hofland het ooit verwoordde.

Ik lees dat het in 1994 de eerste keer is dat we fietsenderwijs Italië bezoeken en dat we op zaterdag 30 juli met een gehuurd bestelbusje naar hotel Stazione in Susa zijn vertrokken. Hier laten we overbodige bagage achter, fietsen weg en komen een week later terug.

In mijn fotoalbum *Cyclisme '94* zie ik bekende gezichten naast de felgele DAF 400. Zo te zien dorstig en moe van de lange reis Maastricht – Susa in een veel te krap voertuig stampvol fietsen. Ik sta als drieëndertigjarige *'wild one'* uitbundig schreeuwend op een nachtfoto met een versleten groene koffer in mijn armen. Kaki bermudabroek, zwart T-shirt, sigaret in de mond. Ernaast het overige gezelschap, ook in uitgelaten stemming.

De route van dat jaar is indrukwekkend. Meteen op zondag van start met een col van 2176 meter. Slapen in Pinerolo. Daarna beetje glooiend langs de voet van de Piemontese Alpen peddelen. Op dag 3 Frankrijk in via de Col de la Lombarde (2350 m). Daarna staan nog de Col d'Izoard (2360 m) en de Colle dell'Assietta (2472 m) op het programma.

Maar daar gaat het hier niet om.

In het fotoboek steken drie fris gewassen en in lange broek gestoken jonge heren een plein over voor *Albergo Nuovo Gallo*, herberg De Nieuwe Haan. In de verte, boven het naambord, hangt aan de luiken een druipend wielerwasje. Dronero.

Op dag 2 (maandag 1 augustus 1994) eindigt onze tocht in dit kleine stadje, gelegen aan het begin van de doodlopende vallei waarin de *Torrente* Maira stroomt.

Tussen Pinerolo en Dronero heeft het leren riempje van mijn linker toeclip het begeven, wat op vlakke wegen geen ramp is, maar in het hooggebergte heel vervelend. Dus op zoek naar een nieuw riempje, ongetwijfeld te vinden in Dronero, de middelgrote finishplaats van dag 2.

We zitten op het centrale plein in de middagzon. De fietsen leunen tegen een muurtje. Met Oude Van Dijk ga ik vervolgens op zoek naar een vers riempje voor de toeclip. In heel Dronero blijkt slechts in een zijstraatje van de Via Giolitti een stokoude fietsenmaker annex smid te vinden. Zijn werkplaats is een verduisterde pijpenla. Vrijwel tandenloos grijnst hij dat hij geen riempjes heeft voor een racefiets. Wie wel? Geen idee.

Inmiddels hebben onze fietsen op het plein de aandacht getrokken van een behulpzame passant. De loodgieter, zelf wielrenner, zo blijkt later. Hij weet een dorpje verder een man die ons zeker kan helpen. In vijf minuten brengt hij ons met zijn Fiat Panda naar het gehucht Villar San Costanzo, waar de regionale wielerheld Gian Paolo Cucchietti woont. We stappen uit en zien nergens een wielerwinkel.

Naast het gemeentehuis opent onze redder in spe een onooglijke toegangsdeur van ijzeren golfplaten. We vertrouwen het maar half. We ontwijken een stel loslopende kippen, stappen over de slapende hond en komen terecht op een binnenplaats, grenzend aan een goed onderhouden moestuin. Rechts een provisorisch afdakje waaronder frames en wielen van gedemonteerde racefietsen. Links een raam met daarachter het neonlicht van een werkplaats.

Bij het betreden worden we verblind door de aanblik van glimmende, geschoren rennersbenen op stralende fietsen van het huismerk Cucchietti. De jeugdploeg van *Bici Cucchietti* warmt zich op. We staan perplex. Geven de eigenaar een hand en kijken beduusd rond. Aan de muur vergeelde interviews en oude foto's van de *campionissimo* met Felice Gimondi, Eddy Merckx en Jan Janssen. Tientallen bekers en vaantjes. De geur van kettingsmeer. Het wielerwalhalla. Verstopt in een gat, achter een metalen deur.

De loodgieter legt de reden van ons bezoek uit. Gian Paolo Cucchietti geeft ons twee leren riempjes (één reserve). We mogen niet betalen. Ik protesteer, maar hij is onverbiddelijk. Ik dank hem omstandig voor zijn hulp en wil eigenlijk niets liever dan hier nog een uur blijven zitten op een krukje om te voelen hoe het hart van de Italiaanse wielersport klopt. De intieme sfeer van jonge en oude mannen met dezelfde passie. Blijven prutsen aan een fiets tot hij helemaal naar de zin is. Maar we moeten weg, de loodgieter heeft nog meer te doen vandaag.

Waarom ik het deed weet ik nog steeds niet, maar bij het afscheid bezweer ik mijzelf en *il signore* Cucchietti plechtig: 'Meneer Cucchietti, als ik ooit een nieuwe fiets koop, dan doe ik dat hier...!' Na een korte denkpauze: '... en dan fiets ik 'm naar huis, naar Nederland.'

Ik weet op dat moment zeker dat het geen loze woorden zijn.

Eenmaal weer terug bij de fietsvrienden in Dronero, drinken we in de avondzon 'bicicletta' (campari met witte wijn en ijsblokjes) en prosecco bij schaaltjes noten en olijven. Een verlaten plein, een halfvol terras, een paar oude mannen op een bankje, het verwaaide geluid van RAI Uno uit een keukenraam, in de verte scheurt een ratelende Vespa over de Romeinse brug.

Twee lederen riempjes liggen op tafel. Ik voel me heel apart. Het lijkt op geluk. Geen twee seconden, maar urenlang.

Vijf vrienden en een gerepareerde fiets. Meer heeft een mens niet nodig.

Hoofdstuk 1

Bergamo – Dronero

Waarin geen meter wordt gefietst, de liefde wordt beleden en de zenuwen toeslaan bij de nadering van eindpunt Dronero.

Aan boord van de rijdende Intercity 606 Valentino, 9 mei, 's middags

Een sms gaat uit. '*Milano. Met water en panini aan boord vd trein naar Turijn.*
  In de verte besneeuwde Alpentoppen. Lees: '… de liefde kent haar eigen diepte pas op het uur der scheiding…' La vita è bella. Ti amo.'

Tegenover mij zit een charmante man met bruine ogen en donker haar. Keurig in Italiaanse snit. Jaar of vijfenveertig. Bruinleren instappers. Moderne bril. *Gazzetta dello Sport* naast zich. Hij monstert mij.
  Wat hij ziet is een leeftijdgenoot, licht ongeschoren, glimmende ogen, gekrulde mondhoeken, zwart rugzakje, rode fietshelm. Omringd door Italiaanse Michelin-kaart 428, uitgeprint routeschema, Moleskine-dagboek. In de weer met een flink verouderde Nokia.

De man, die Massimo heet, vraagt waar ik heen reis. Ik zeg 'Dronero' en vertel hem mijn missie. Over de belofte aan een oude wielrenner die tegenwoordig fietsen bouwt. Over de ontmoeting in 1994 toen hij pro Deo mijn fiets repareerde. Dat ik ooit zou terugkeren om een nieuw gebouwde fiets te kopen. En dat ik die fiets dan over de Alpen naar huis zou trappen. Solo.

Ik zie glanzende ogen en een volle glimlach bij een wildvreemde Italiaan. Hij slikt en knikt aanmoedigend. Ik vraag me af of dit sentiment typisch mediterraan is of universeel. Massimo wil mijn route weten. Die is simpel. Omdat ik zo lang mogelijk in het ideale fietsland Italië wil rijden, vertrek ik over enkele dagen vanuit basiskamp Dronero niet naar het naburige Frankrijk, maar koers recht omhoog via Aosta naar Zwitserland. Kilometer of 350. Sla Zwitserland zelf zo veel mogelijk over en reis in drie uur per sneltrein van Martigny naar Bahnhof Basel. Daar per fiets Frankrijk in, naar de Vogezen. Over de cols naar het noorden, naar groothertogdom Luxemburg. Van Esch-sur-Alzette over het parcours van de derde etappe van de Tour de France 2006 naar finishplaats Valkenburg. Daar zien we wel verder.

Mijn traject bevat achttien cols, waarvan drie hoger dan 2000 meter. Ik vertel Massimo over de voorpret om zonder routeplanner, gewoon met kaarten aan de keukentafel, te zoeken naar een rustig en toch spannend parcours. Binnen twee weken af te leggen, wat neerkomt op zo'n 100 kilometer per dag. In het begin korter, om te wennen aan de bergen. Daarna: lange halen gauw thuis, richting zompige moerasdelta.

Ik leg uit dat de Colle del Nivolet (2611 meter) het spektakelstuk van mijn tocht moet worden. Een onbekende grootheid die volgens een Belgische website een pad van 'steenslag' zou bevatten. Dwars door het natuurgebied Gran Paradiso over een weg die volgens de ene kaart wel en volgens een andere niet bestaat. Ik vertel hem het heroïsche verhaal van een roekeloze fietstocht in het zuiden van Spanje. Hoe we daar in de Sierra Nevada tegen het vallen van de avond op smalle bandjes een urenlange, levensgevaarlijke afdaling over een met keien en kuilen bezaaid geitenpad hebben gemaakt. Of de onverharde beklimming van de Colle delle Finestre in 1994. Gebroken zadelpen, modder, regen, kou. Ik vertel het hem lachend, maar hij lijkt niet te begrijpen wat daar leuk aan is.

Station Savigliano. Massimo staat op, geeft een hand, wenst me een goede reis en loopt naar de uitgang van de wagon. Ik kijk naar buiten. Het perron ligt ruim onder straatniveau. Zie van onderen hoe mensen zich op het stationsplein haasten om de trein te halen. Een eenzame bergschoen ligt op een muurtje achter een manshoog reclamebord. Vreemde plek voor schoeisel om achter te blijven. Leg mijn kousenvoeten op de zitting van de vrijgekomen stoel tegenover mij. Peins verder over de schoen en over de geneugten van alleenstaand reizen. Dat je dan lekker lang kan blijven prakkizeren over een achtergelaten bergschoen.

Pak even later mijn notitieboekje dat ik voor deze reis heb aangeschaft. Een Moleskine-boekje dat in geopende staat bijna een A4'tje meet.

Ik schrijf: '*La Vita! Mooi dat Dikke Dirk zijn droom achterna aan het jagen is. Even bevrijd van de stress. Bijna 45 jaar, hoe hangt de vlag erbij? (Makkelijk pra-*

ten, in een soepele Italiaanse trein die over de Povlakte dendert.) Happiest man in the world. On the road. Again.'

Telefoon trilt in broek. Haar sms beantwoordt de mijne over diepe liefde in het uur der scheiding: *'Traantjes... Mooi zeg... Helemaal waar...'*

Ik sluit de ogen en denk terug aan de eerste keer dat ik in mijn eentje een grote reis maakte.
Bijna drie maanden door Argentinië, Chili en Bolivia, in 1992. Ik vond dat ik dat een keer moest hebben geprobeerd. Alleen op reis, kijken of je dat kan. En of het bevalt om je eigen reisgenoot te zijn. Mens op pad naar verbetering. Zonder fiets overigens. Gewoon met bussen en treinen.

Vlak voor vertrek ontmoette ik mijn huidige geliefde. Ze gaf me twee dunne boekjes mee. *Le Petit Prince '... alle grote mensen zijn eerst kinderen geweest (maar alleen een héél enkele herinnert het zich)...'* en *De Profeet '... en alleen, zonder zijn nest, moet de arend uitvliegen, de zon tegemoet...'*
Voor in die boekjes schreef ze: *'... denk je ook aan jezelf! Observeer jezelf, schrijf je gedachten op, hou van jezelf (je bent een schat, ik ben trots op je)...'* en *'... als ik me eenzaam voel, niet meer weet hoe het leven ongeveer in elkaar zit, dan pak ik* De Profeet *en voel me daarna een stuk sterker...'*
Tijdens de reis stuurde ze meters liefdesfaxen naar de plekken waar ik verbleef. Een engel op afstand. Ze schreef naar Vuurland: *'Zonder jou is het net of ik een arm mis.'*

Die eerste soloreis leerde me vooral dat je ook in een volstrekt andere omgeving dezelfde persoon blijft. Een open deur als openbaring. Ik dacht (net dertig jaar oud) toen nog dat alles anders en makkelijker zou zijn als ik maar weg was.

Maar in steden als Santiago, La Paz of Buenos Aires bleek dat je ook daar jezelf uit bed moet schoppen, de straat op.

In mijn schriftje met reisnotities staat op 5 maart 1992: *'Bob Marley zingt op mijn walkman: "You're running away, but you can't run away from yourself." Lig tot half 1 's middags in bed. Killing time en verstop me voor de boze buitenwereld. Mijn hoofd maalt. Heb angst, paniek, weet niet waar te beginnen. Fucking faalangst. NL of Argentina, wat maakt het uit, je neemt jezelf mee, je eigen body en soul.'*

Ik overwon daar angsten.

Dat was veertien jaar geleden. Nu zit ik comfortabel in een rijtuig van Trenitalia en heb minder hoogdravende verwachtingen. Geen tussenbalans van het leven, minder tobberig en minder melancholiek. Gewoon Italië-Nederland op een nieuwe fiets. Twee weken van huis. Duizenden gingen mij voor. Waarschijnlijk met dezelfde doelen. Lekker fietsen. Beetje klimmen. Beetje dalen. Beetje trappen. Beetje kijken. Beetje denken. Beetje wijzer worden.

Aan boord van de trein stuur ik weer een sms naar Nederland: *'Rij nu Cuneo binnen. Dan half uur bus naar Dronero... Het regent hard hier.'*

Het stijlvolle stationsgebouw van Cuneo heeft een grote bar waar reizigers tijdens het wachten iets kunnen consumeren. Op de grond ligt marmer, er hangt een grote spiegel en op de toog worden lollies, kauwgom en voetbalplaatjes te koop aangeboden. Ze serveren voortreffelijke koffie. Maar ik bestel bier.

Er is wielrennen op tv. De Giro d'Italia is al drie dagen bezig. Een vlakke etappe in Wallonië. Het kan me niet boeien. Ik kijk naar buiten. Waar is die zon gebleven? Voordat een meter is getrapt begin ik al te twijfelen aan het welslagen van mijn tocht. Wat een barre toestanden. Wordt dit wel het vertier dat ik twaalf jaar lang voor ogen had?

Ik wil deze week over minimaal drie cols van meer dan 2000 meter fietsen. Hoogtes die zowel in de Giro als in de Tour de France tot de buitencategorie worden gerekend. 'En niets zo onvoorspelbaar als het weer in de bergen,' praat ik fietsvriend en Alpenkenner drs. C. na. De moed zakt. Maar ik voel ook een vreemde sensatie bij het idee die Alpenreuzen in hondenweer toch te gaan aanvallen. De waanzin van deze bergfietser. Altijd vol vertrouwen en vol optimisme. Meneer Mooi Weer.

Ik leeg mijn glas en denk terug aan de warme zomer van vorig jaar, toen ik hier in Piemonte was om die reddende fietsenmaker van 1994 te zoeken. Ik logeerde een kleine week in de Valle Maira. Op 1339 meter hoogte in Ciamino, een op een schaapherder na verlaten dorpje van zeven huizen met uitzicht op de besneeuwde Rocca Corna van 2375 meter.

De Valle Maira wordt beschreven als het zwarte gat van de wereld. Een uitgestorven krocht, op een paar uur rijden van de Middellandse Zee. Het is een van die gebieden in Europa waar meer mensen sterven dan er worden geboren.

Ik was de naam van het gehucht van mijn fietsenmaker vergeten, maar vind het via de plaatselijke vvv van Dronero. Ik rijd 5 kilometer en parkeer naast het gemeentehuis van Villar San Costanzo. De entourage komt me bekend voor omdat er sinds '94 niets is veranderd. Voorzichtig loop ik door de golfplaten deur de binnenplaats van Bici Cucchietti op. De moestuin ligt er keurig bij. In de werkplaats schalt een radio.

Ik sluip naar binnen en zie een jongeman druk sleutelen aan een racefiets. Als hij me ziet veegt hij zijn handen schoon aan zijn overall en begroet de onbekende klant. Het blijkt de zoon van Gian Paolo Cucchietti. Hij heet Giorgio en spreekt Spaans. Ik leg hem uit wat mij in het verleden hier is overkomen. Giorgo grijnst zijn mooiste grijns en lijkt nauwelijks verbaasd dat ik nu daadwerkelijk een fiets kom bestellen.

Zijn vader is er helaas niet: 'Die fietst dagelijks een rondje in de Valle Maira sinds ik de zaak heb overgenomen.'

Giorgio heeft het druk, zaterdag is er een koers waarin het amateurteam van Bici Cucchietti van start gaat. We komen snel ter zake en hij pakt een A4'tje met daarop het logo van Bici Cucchietti, een getekend frame, crankstel en stuurpen en een reeks voorgedrukte vragen over afzonderlijke onderdelen. Hij is nu serieus. Giorgio pakt een meetlint en neemt me de maat. Binnenkant van de dijen. Dit is *slow* fietsenmaken, ambachtelijk, met een meetlint en op gevoel.

De maat is 59 zowel in hoogte als lengte. Verder zeg ik dat het een volledig Italiaanse fiets moet worden. Hij kijkt opgelucht. We lachen. Een lekker chauvinistische Cucchietti *Classico* moet het worden. Japanse onderdelen op een Cucchietti-frame vindt hij vloeken in de kerk. Campagnolo dus. Ik wil een frame met ouderwetse dunne buizen van modern, licht staal. Hij snapt het, is het ermee eens en noteert.

Omdat ik geen Lance Armstrong ben, besluiten we geen overdreven dure spullen te monteren. Wel drie tandwielen voor. Achter het woord *Ingranaggi* noteert hij: 30/42/52. Ik geniet enorm van dit moment. Eindelijk gaat het beginnen, het staat allemaal op een papiertje. Alleen de kleur nog.

We lopen langs de frames die met haken aan het plafond van de werkplaats hangen. Witte, gele, zwarte, blauwe in talloze combinaties. Zwart en rood moet het worden. De combinatie die ik al jaren de mooiste vind, als het om fietsen gaat.

Ik kies fel Ferrari-rood als basis. Met zwarte letters CUCCHIETTI. De kosten van de fiets zijn 1700 euro. Giorgio wil geen voorschot. Hij zegt dat ik maar moet bellen als ik weet wanneer ik hem wil komen halen. Dat spreek ik af. En hij belooft zijn vader namens mij te groeten.

De streekbus naar Dronero komt voorrijden. Hij gaat eens per uur en doet er dertig minuten over. Ik stap in met mijn rugzak met fietshelm. Neem in de volle bus plaats naast een praatzieke, onwelriekende *mamma* van middelbare leeftijd en wens dat ze even haar mond houdt. Merk dat ik chagrijnig ben. De grappa van gisteren? Of de zenuwen?

Twaalf jaar gewacht en nu bijna in contact met een splinternieuwe racefiets waarmee ik moederziel alleen een grote reis ga maken. Ik stel me voor dat adoptieouders zich zo voelen onderweg naar Schiphol, vlak voor de aankomst van hun nieuwe kindje. Alsof ze het voelt krijg ik op dat moment een tekstbericht binnen op mijn telefoon: '*Spannend, zoals een klein jongetje dat op zijn rode fiets wacht voor zijn verjaardag...*'

De tekst ontroert me. Ben labiel. Moe. Het kleine jongetje dat zijn fiets krijgt. Ik heb er ooit eentje gekregen. Een groene Batavus met een hoog stuur, oranje geribbelde handvatten, glimmende velgen en een claxon erop.

We rijden Dronero binnen via de stenen brug over de kolkende Mairarivier. Het water staat hoog. De bus slingert door het kleine provincieplaatsje van 2500 inwoners. Ik herken het van vorige bezoeken. Het rechthoekige dorpsplein met het verpauperde theater. De scharensliep in zijn winkeltje van hooguit acht vierkante meter. De kiosk, de mannen op het bankje, de met rieten jasbeschermers uitgeruste damesfietsen die Cucchietti ook levert. De grote parkeerplaats waar eens per jaar de kermis wordt gehouden.

De bushalte is tegenover het grote, ommuurde landgoed Casa Conte. Ik steek over, ga het sierlijke stalen hek door, over het grind, bordes op en bel aan bij de hoge eikenhouten deur van de villa. Mijn hart bonkt van opwinding. Voelt als thuiskomen na een lange tijd. De vrouw des huizes doet met een grote glimlach open. Ze weet waarom ik kom.

We kussen niet, maar schudden elkaar intens de hand. Ze heet Maria Teresa en is van mijn leeftijd. Ze leidt me over de enorme marmeren trappen naar de bovenste verdieping waar ze drie kamers verhuurt. Ik krijg de zijkamer. Twee losse bedden en een houten interieur. De zon meldt zich kortstondig als ze de luiken opendoet. Ik leg mijn bagage op het ene bed en ga zitten op het andere. Ze laat me alleen. Ik doe mijn schoenen uit, ga op bed liggen en staar naar het plafond.

De afspraak is dat ik na aankomst in Dronero de zoon van Cucchietti bel, die me dan met de auto ophaalt en me meeneemt naar de werkplaats. Einde droom. Wat twaalf jaar lang de ultieme ontsnappingsclausule was voor het werkelijke leven ('... *ik kan altijd nog naar Dronero en dan van alles en iedereen wegfietsen...*') houdt straks op te bestaan.

Ik bel Cucchietti af.

Hoofdstuk 2

Dronero

Waarin de Nieuwe Fiets onbevlekt wordt ontvangen, tijdens zijn eerste tocht linea recta naar het altaar rijdt en de weergoden in een combine met het veteranenteam van Bici Cucchietti de koers wijzigen.

Striemende regen en fluitende windstoten wekken me. Waar ben ik? In een eenpersoonsbed op de bovenste verdieping van een honderd jaar oude villa in Piemonte. De komende dagen is dit mijn thuis. Ik geeuw en rek me uit. Knip het leeslampje aan. Mooi zacht licht. Het is half zes op mijn polshorloge. Klaarwakker kijk ik om me heen. Vandaag is de Grote Dag.

Vanuit bed zie ik een hoge spiegel met een goudkleurige lijst op de schouw van de ruime slaapkamer. Op het glazen tafeltje tussen twee rieten fauteuils ligt een rode wielerhelm naast landkaarten, energierepen en handschoentjes. Tussen de hoge ramen staat een grote houten hangkast met daarin mijn spullen. Twee overhemden voor 's avonds, wielerbroek met bretels aan een hangertje, windjack, twee T-shirts en twee wielershirts. In de laden sokken en ondergoed. Op het nachtkastje links vier boeken: *De Profeet* van de Libanese dichter en schilder Khalil Gibran, *Ik was nooit in Isfahaan*, reisverhalen van Tommy Wieringa, *Wij waren allemaal goden*, de reconstructie van de Tour van 1948 van Benjo Maso en *Passi e Valli in Bicicletta Piemonte – 2*, een boekje met alle hoogtegrafieken van de cols in dit gebied.

Op het nachtkastje rechts liggen paspoort, euro's en creditcard. Op de grond twee paar schoenen. Gympen en mijn onverslijtbare, zestien jaar oude suède wielerschoenen van de Alkmaarse Groothandelsunie, AGU.

Ik stap uit bed. Het is fris in huis. Op blote voeten steek ik de koude marmeren gang over naar de flinke badkamer. Plas zittend, kijk langs een kiertje in het gordijn naar het rotweer buiten. Het regenwater spat hoog op van de vloer van het betegelde terras. De bomen in de enorme tuin kraken in de voorjaarsstorm.

In de spiegel zie ik een ongeschoren hoofd met stevige groeven en een warrige haardos. Ik poets mijn tanden, neem een slok van het gechloreerde water, pets koud water op mijn gezicht en besluit rechtop in bed te gaan lezen tot om negen uur de heer des huizes beneden in de stijlkamer het ontbijt serveert.

In bed pak ik *De Profeet*. Mijn persoonlijke Beste Boek voor de Weg, dat sinds 1992 mijn reizen vergezelt. Zwaar van inhoud, licht van gewicht. Voor het eerst in het Nederlands vertaald in 1927. Ik lees en zweef als ik over De Arbeid lees:

'En wat is vol liefde arbeiden?

Het is het kleed weven met draden gewikkeld van ons hart, alsof de geliefde dat kleed zou dragen.

Het is vol aanhankelijkheid een huis bouwen, alsof je geliefde daarin wonen zou.

Het is met tederheid het zaad zaaien en vol vreugde de oogst binnenhalen, alsof je geliefde eten zou van de vrucht.
Het is van alle dingen die je maakt de adem inblazen van je eigen geest.
En weten dat alle geliefde doden om je heen staan en toezien.'

Terug in de zachte werkelijkheid tel ik als een klein kind de uren die me scheiden van mijn nieuwe fiets. Kloppend hart. Voelt als verliefd.

Toch ben ik geen steriele mafkees met geschoren benen en een wereldbeeld van wielen en stuurlinten, maar een vrij normale, arbeidzame midveertiger zonder midlifecrisis, met vijftien jaar verkering. Ongewenst kinderloos, dertig jaar vaderloos en domweg gelukkig op een fiets. Wel zodanig gedeformeerd dat ik bij een passerende mooie vrouw op een racefiets eerst de fiets bekijk en dan pas de berijdster.

Pak Tommy Wieringa. In *Ik was nooit in Isfahaan* beschrijft hij hoe hij als jongen van huis wegliftte en bij gebrek aan succes in Emmen op een talud in slaap viel. Agenten wekten hem en reden vervolgens verder. Hij schrijft: '*Vlak voor ik in slaap viel op het talud in Emmen, realiseerde ik me dat* niemand *wist waar ik was. Ik had alles in eigen hand, ik kon links gaan of rechts, terug of rechtdoor, de enige beperking van mogelijkheden lag in mijzelf en niet bij iemand anders. (...) Je bent uit beeld, de radar van het sociaal-familiale geweten is je kwijt, je leven kan opnieuw beginnen.'*

Buiten klaart het op. Bekijk de op roze papier gedrukte *Gazzetta dello Sport* met zes pagina's over de Giro d'Italia 2006. Het Italiaanse volksfeest is deze week begonnen en houdt iedereen in de ban. Snap weinig van de krantenberichten, maar smul van de namen en de foto's. Lig te popelen in bed om naar mijn eigen fiets te gaan. 7.14 uur. Nog even geduld.

Om de tijd te doden kijk ik voor de zoveelste keer op Michelinkaart 428 waar ik ben. Het dorp Dronero is een stipje op de kaart. Ik open mijn dagboek en noteer dat Dronero op de landkaart recht boven Nice en Monaco ligt. Hemelsbreed niet meer dan 100 kilometer van zee. Hoeveel kilometer het van hier naar huis is, zal pas achteraf blijken. Ik reken op 1500 fietskilometers.

Ik beschrijf welke fiets ik straks verwacht aan te treffen: *'Een moderne fiets van klassieke snit. Een "classico". Volledig Italiaans, Campagnolo remmen, crankstel en versnellingsgroep. Banden? Wielen? Spaken? Ik weet het allemaal niet meer, maar heb alle vertrouwen in Giorgio Cucchietti, die me over twee uur komt ophalen. Heb een cadeautje voor hem meegenomen uit Amsterdam. Een wit wielerpetje van Ger Bikes, zijn Amsterdamse collega die mijn Cucchietti in de toekomst zal gaan onderhouden.'*

Noteer vervolgens: *'Verwachtingen over de tocht zelf.'* Dat ik vooral veel van de 'onmogelijke' wegen verwacht. En dat ik me verheug op de laatste grote klim, Italië uit en Zwitserland in, over de Grote Sint-Bernhard.

Onder 'voornemens' noteer ik: *'Bij goed weer zo vroeg mogelijk op pad om evt. slecht middagweer te vermijden. En de cols in de ochtend als de benen nog vers zijn. Na Basel kilometers maken. Ga uit van veel kracht in de benen na hooggebergte. Op souplesse de Ballonnen van de Vogezen over en dan de laagvlakte in...'*

Na douche en ontbijt is het bijna zover. Ik trek mijn wielerkleren vast aan, want ik fiets straks gewoon weg uit de werkplaats op mijn nieuwe fiets. Helm op, handschoentjes aan, zittend op bed wachten op de komst van Giorgio Cucchietti. Zie mezelf in de grote spiegel op de schouw. Bal de vuist. Ben blij dat ik doe wat ik mezelf heb beloofd.

De bel gaat. Ik hoor stemmen in de hal beneden. Italiaans geklets. Gastvrouw Maria Teresa Morra klopt op mijn deur. Ik doe open en zie een stralende lach. Ze ziet het gelukkige kind.

Beneden staat Giorgio met een nog bredere lach dan vorig jaar. Sterke kerel, wit T-shirt, spijkerbroek, midden dertig, lichtbruine ogen, ongeschoren. We begroeten elkaar hartelijk. Ik stap in zijn witte Toyota-pick-up en we rijden weg.

Giorgio zegt in vlot Spaans dat de fiets '*maravillosa*' is geworden. Prachtig dus. Hij brengt de vingertoppen van zijn rechterhand samen en beweegt ze naar zijn getuite lippen.

Ik vertel hem dat ik nooit eerder een nieuwe fiets heb gekocht. Dat mijn vorige, een Koga Miyata, gestolen is op Ibiza. En dat mijn huidige racefiets, een heerlijke Giant Cadex, met een doorsnee Shimano 105-groep erop, inmiddels met frametasjes, zadelzakjes en andere accessoires is veranderd in een zwarte rock-'n-roll-racefiets. Dan staar ik naar het vlakke landschap van de Povlakte en zwijg.

In de werkplaats in Villar San Costanzo staat het echtpaar Cucchietti te wachten op het buitenlandse bezoek. Gian Paolo in blauwe overall. Zijn vrouw Mariangela met de tuinhandschoenen aan. Na twaalf jaar zie ik hem terug, die lange, tanige man van inmiddels vierenzestig. Een stralende, maar bescheiden lach, sympathieke bruine ogen. Naast hem staat zijn ongeveer even oude echtgenote met een papieren wegwerpbekertje espresso in de handen. De knappe Italiaanse dame is al zevenendertig jaar samen met de oud-coureur. Glunderende gezichten. Voel me een verloren zoon in plaats van een gek uit Nederland die in dit onbeduidende oord een fiets komt kopen.

Krijg koffie en koekjes. Probeer in mijn mix van Spaans, Frans en Italiaans aan de oud-coureur te vragen of hij zich die namiddag in 1994 nog kan herinneren. Hij knikt lachend, ja dat weet hij nog wel. Mijn plechtige belofte is hem ontgaan. Onhandig staan we daar tegen de werkbank geleund met onze wegwerpbekertjes koffie. Twee mannen die elkaars taal niet spreken kijken elkaar in de ogen. Signora Cucchietti vindt het een roerend tafereel. '*Sentimentalista,*' zegt ze teder.

Zoon Giorgio besluit dat het tijd is voor Het Grote Moment. De Cucchietti Classico wordt onder een doek vandaan gehaald. Ik tril op mijn benen. Zie roder rood en zwarter zwart dan ik ooit op een fietsframe heb zien glimmen. Giorgio tilt de fiets breed lachend en vol trots op. Hij weegt niets, zo te zien. Ik ben werkelijk sprakeloos. Wat een heftige fiets! Wat een schoonheid! Zwijgend kijk ik naar het vurige kunstwerk. Zwarte stierenkop die fel naar achteren wegloopt. Zwarte banden met rode bies. Nerveus Italiaans zadeltje. De familienaam

Cucchietti cursief in zwarte moderne letters op het Ferrari-rode kader. 'Zo is er maar eentje,' zegt Giorgio in deze verstopte wielerwerkplaats in Piemonte.

Giorgio legt heel secuur uit wat hij op de fiets heeft gemonteerd. Hij gaat pas verder als ik heb gezegd dat ik het snap. Hij legt Italiaanse wielerbeginselen uit als: wanneer je je achterwiel wilt verwisselen, zorg dan dat-ie op het kleinste tandwiel staat, dan gaat de ketting er makkelijk af en op.

Dan krijg ik de fiets aangereikt. Ik vraag Giorgio of het frame echt van staal is, zoals ik had gevraagd. Hij leest: 'Columbus Thermacrom Alloy, type Foco. Het is een legering van staal,' zegt hij. 'Bijna zo licht als aluminium.'

Ik kijk naar het Sigma-fietscomputertje op het stuur. 'Zal ik hem op de Nederlandse taal instellen,' vraagt Giorgio. Ik herinner hem aan ons uitgangspunt een 100 procent Italiaanse fiets te maken. 'Je hebt gelijk,' lacht hij. En dus heet mijn dagstand nu 'gior' en staat er 'media' waar in het Nederlands 'gem' zou staan voor gemiddelde snelheid. De klok heet prachtig 'orologio'.

In de werkplaats heeft Cucchietti senior het tafereel van een afstandje gadegeslagen. Hij wil dat ik op de fiets ga zitten. Het zadel staat iets te hoog. Hij vindt ook het stuur nog niet helemaal goed staan. Hij stelt het meteen bij met de inbussleutels in zijn grote handen. Om de afstellingen precies goed te krijgen voor de grote thuisreis moet ik morgen een proefrit maken, de bergen van de Valle Maira in. Ik krijg voor de expeditie naar Nederland nog een tweede bidonhouder en een rood achterlichtje voor de Italiaanse tunnels.

Er komen wat krasse Italiaanse knarren in Cucchietti-wielerkleding de werkplaats binnen. Ze nemen een koffie en scharen zich rond de nieuwe fiets van de buitenlandse bezoeker. *'Olanda, si si.'* Ze maken rondjes met duim en wijsvinger ter hoogte van de ogen. 'Jan Janssen.' Die generatie. Cucchietti senior roept: 'Ik heb nog met Janssen gekoerst, eind jaren zestig.' Hij herinnert zich Gerben Karstens, de 'Notariszoon uit Leiden'. Cucchietti: 'Janssen was veel meer een coureur. Karstens ging alleen maar voor dagprijzen.'

Ik heb Michelinkaart 428 bij me en bespreek mijn reisplan met de aangewaaide fietsveteranen. Waar ik respect hoop te oogsten, is hoon mijn deel. 'Wat jij wilt kán helemaal niet,' zeggen ze. 'Onmogelijk.' Gian Paolo Cucchietti kijkt nu heel serieus. 'Op de berg die jij als eerste wilt beklimmen, de Colle di Sampeyre, heeft Giorgio gisteren nog op de ski's gestaan.' Hij bekijkt de kaart en zegt resoluut: 'Die col kan je echt vergeten. De Colle di Sampeyre is gesloten. De zon heeft onze kant, de zuidkant, ontdooid, maar de afdaling aan de noordkant ligt nog onder sneeuw en ijs.' De hele werkplaats knikt instemmend. 'De top is 2284 meter. Vandaag sneeuwt het op 1500 meter nog.' Ze kijken me meewarig aan.

Dan blijkt ook mijn tweede serieuze col, Colle del Nivolet, met het uitdagende, onduidelijke pad op de top, '100 procent zeker' gesloten te zijn. 'Er ligt ten eerste geen asfalt op de weg naar boven, maar de col ligt midden in het Gran Paradisogebergte, en daar is alles nu nog besneeuwd. Die col is maar twee maanden per jaar open,' weet de commissie van wijze wielermannen.

Mijn derde grote droomcol, de Gran San Bernardo (2469 m), die van Aosta naar Zwitserland loopt, is volgens hen vermoedelijk ook gesloten. 'Sorry,' zeggen ze. Alsof zij er iets aan kunnen doen.

Buiten waait de wind door de moestuin. Regen slaat neer op een met plastic afgedekte stapel brandhout. De kippen schuilen en de tulpen buigen. Het is tien graden. Ik besef dat ik minstens een maand te vroeg ben gekomen. Nog voor er een meter is getrapt moet de route al worden verlegd.

De mannen bekijken mijn nieuwe fiets en beginnen over mijn rugzak: 'Waarom heb je geen bagagetasje op het stuur?' Ik zeg dat ik dat tot nu toe altijd had, maar dat ik het een misdaad vind tegen de nieuwe fiets. Ze grommen instemmend. De oude Cucchietti krijgt de lachers op zijn hand door ter sprake te brengen dat mijn postuur (1.88 m, 88 kilo) niet echt dat van een klimmer is. De mannen lachen hard als hij mij 'Jan' noemt, naar de met overgewicht kampende Duitse Tourwinnaar Jan Ullrich. Ik lach als een boer met kiespijn en wijs naar de rondingen ter hoogte van mijn middel. Ik wil weg.

Mariangela Cucchietti probeert me op te vrolijken: 'Je bent de eerste Nederlander ter wereld met een Cucchietti-fiets. Maar er rijdt wel een Italiaan in Rotterdam op een Cucchietti.' Ze stelt voor dat ik met de Rotterdammer een kampioenschap organiseer om de *Trofeo Cucchietti*.

Een sms komt binnen: *'Ben je al aan 't klimmen en dalen?'*

Ik antwoord: *'Zit aan de koffie bij fietsenmaker.'*

Antwoord: *'Dat schiet niet op. Laatste slok en cols in. Vergeet je sneeuwkettingen niet.'*

Het is droog maar koud als de familie Cucchietti mij en mijn nieuwe liefde uitzwaait. Over het tuinpad, de wijde wereld tegemoet. We wandelen eerst een stukje door het dorp, de nieuwe fiets losjes aan mijn hand. Ik bekijk hem nog eens rustig, alleen op het dorpspleintje, in daglicht. Voel de stang, laat de vingers over de nieuwe lak glijden. Stap voorzichtig op. Klik de schoenen in de pedalen en peddel weg.

Onwennig en voorzichtig schakelend, beetje bang om te vallen, schuif ik op het smalle zadeltje. Handen onder in de beugel, handen op het stuur. Stukje staan, stukje zitten, beetje slingeren over de weg om de wegligging te testen en natuurlijk even een sanitaire stop in de berm van de weg.

Dan rijd ik in rechte lijn naar de grootste kerk van Dronero. Waarom is mij volstrekt onduidelijk, maar ik wil de fiets zegenen. Ik draag mijn rode relikwie stilletjes de kerk in en sprenkel in het aangezicht van Jezus en Maria water op de glimmende lak. Juist op dat moment gaan de kerkklokken luiden. Ik maak een foto van de fiets voor het altaar en steek kaarsen aan voor zieke en overleden vrienden.

Drie jaar geleden overleed na een lange strijd Mariska, een soulmate van tweeëndertig jaar aan *fucking* K. Een paar jaar ervoor Steven, een hartsvriend van vierenveertig, na een onmenselijke aftakeling. En op mijn vijftiende mijn vader Theo van drieënvijftig. Ik gebruik hun dood als leidraad, maar ook als dwangbuis, voor mijn eigen handelen. Tempo maken. *Eat your pie before you die.*

In de kerk komt een sms binnen: '*En? Is ie mooi? Brandweerrood? Ben je gelukkig?*'

Ik schrijf meteen terug: '*Heel mooi is-ie! Brandweer-*

rood ja. En hij rijdt zo lekker. Weegt niks. Ben er nu mee in de kerk om te zegenen. Ben heel blij.'

Iemand anders schrijft: *'Bicicletta recipita est?'*
Een derde: *'Zit de fiets tussen de benen?'*

Hoofdstuk 3

Dronero – Colle di Sampeyre – Dronero, 90 km

Waarin een Russische graaf de kruistocht in wielerbroek tot pelgrimage maakt en de Nieuwe Fiets onder erbarmelijke omstandigheden een maiden trip maakt van 701 naar 2284 meter hoogte.

'*Net heerlijk gegeten. Werd betaald door de tafel naast me. Rijke Italiaan van Russische afkomst...*' Mijn telefoonschermpje geeft de laatste sms-mededeling van gisteravond weer. Zojuist wakker, kwart over zeven. Heb lichte koppijn, de oogst van de avond tevoren. Een prosecco als aperitief, vervolgens twee onvergetelijke glazen Barolo (van het huis Parusso, Picole Vigne 2000), bij de pizza een glas witte Oltrepede Pavese Lombardia, bij de kaas rode Nebbiolo d'Alba, een moscato bij het dessert en een grappa *della casa* voor onderweg.

Waan me in de hemel. Een nieuwe fiets en een godenmaal. De mensen aan de tafel naast me beginnen een gesprek met de *lonely* levensgenieter. Of ze Cucchietti kennen? Natuurlijk. Iedereen in de streek kent *il ciclista famoso*. 'Reed eind jaren zestig met Anquetil, Gimondi en Merckx. Bouwt fietsen in Villar San Costanzo, hier vlakbij. Lieve man.'

Ik vouw de landkaart dicht om ruimte te maken op het witte damast. Was juist bezig mijn vandaag onderuitgehaalde fietsroute te veranderen. Minder hoog dus, vanwege de sneeuwinformatie in de werkplaats van de Cucchietti's. Minder leuk, want zware cols geven juist meerwaarde aan mijn tocht. Fysieke inspanning vermengd met een gebrek aan zuurstof wast de hersenen schoon.

Ik vermoei de man en de vrouw aan de tafel naast me niet met de perikelen van het hooglandfietsen. Ze zijn vooral geïnteresseerd in de oorsprong van mijn avontuur. Als ik vertel waarom ik hier ben, zie ik de vrouw smelten. We proosten op de goede afloop. Ze willen dat ik laat weten of ik veilig in Nederland ben aangekomen. De vrouw schrijft haar naam en adres in mijn notitieboekje.

Als haar disgenoot de tafel even verlaat, maakt ze duidelijk dat ze geen relatie met de man heeft: 'Ik ben single. Ik werk als verpleegkundige in de polikliniek tegenover dit restaurant. Af en toe eten we samen na het werk.' Ze kijkt me diep in de ogen.

Als de man terugkeert vraag ik hem het hemd van het lijf. Wat hun relatie is (vrienden van vroeger), wat voor werk hij doet (ondernemer in kleine elektronica) en wat die prachtige zegelring te betekenen heeft (Russische adel). Hij blijkt een Russische graaf te zijn en heet Guido Maria Nicolay. Zijn familie is vierhonderd jaar geleden uit Sint-Petersburg naar Italië gekomen. Meer wil hij niet kwijt over zichzelf. Bij het vertrek zegt hij: 'Je hoeft niet af te rekenen. Dat heb ik al gedaan, omdat ik het heel *bravo* vind dat je helemaal naar Nederland gaat fietsen.'

Zijn tafeldame neemt afscheid met een poezelig handje. 'Tot ziens,' zegt ze veelbetekenend. Ik blijf versuft en een beetje aangeschoten achter. Stort me weer op de landkaart, bestel nog een laatste koffie en zwalk vervolgens naar mijn kamer in Casa Conte.

Trillingen op het nachtkastje. Mijn avond-sms over de weldoener wordt beantwoord: *'Lief zeg. Ontroerend. Ik geniet van je avontuur en ben heel blij dat je het doet.'*
Ik sta op, neem een douche en hijs me in het wielerpak. Ik ga voor het eerst echt rijden met de nieuwe fiets. Om acht uur haal ik de *'rossonero'*, zoals ik hem heb gedoopt, uit het tuinhuis van de villa. De eerste tocht op ware fietsgronden. Klimmen, dalen, remmen, noodstops.

Het is bewolkt, koud en er staat flinke tegenwind. Desondanks stap ik op voor de maiden trip. Zonder ontbijt de vallei in, van 701 meter naar 2284 meter. De tocht gaat 45 kilometer lang uitsluitend omhoog met een maximale stijging van 15 procent. Van basiskamp Dronero naar de top die volgens de Cucchietti's niet te toppen zou zijn, de Colle di Sampeyre. Gemiddeld stijgingspercentage: 8,3.

Ik moet even wennen aan het dunne zadel van Sella Italia en het schakelen met een Campagnolo triple, maar verder voel ik me snel thuis op de Cucchietti. Langzaam stijgend in het koude dal van de Mairarivier geniet ik van mijn reisgenoot voor de komende weken en de jaren die volgen.

Ik rijd door het bergdorpje San Damiano Macra. Links een middeleeuwse kerk, rechts een onbemande Agip-benzinepomp zonder klandizie. De geur van houtvuur hangt tussen de huizen. Buiten het dorpje slingert de weg door het rivierdal. Drie dorpjes verder sla ik rechtsaf voor een oude weg door een kloof. De stormen hebben de weg bezaaid met afgebroken takken en overal liggen verpletterde stukken rots. Zonder het gevaar te zien, slalom ik langs de brokstukken. De lucht wordt ijler en ik heb laaglandlongen. Tijdens de langdurige, steile beklimming van de steenkoude Colle di Sampeyre kauw ik op een zin die ik vanmorgen las: *'Je pijn is het breken van de schaal die je inzicht ontsluit.'*

Ik neem de tijd om al trappend de fiets te observeren. Heerlijk licht draait hij, alles werkt perfect, alleen het stuur staat nog iets te ver van me af. Ik bewonder de bouwstijl van vader en zoon Cucchietti. Dit is precies wat ik wilde. Simpel. Functioneel. Ambachtelijk. Classico. En héél rood.

Met pijn en moeite de top willen bereiken, wat zou dat toch zijn? Is het wat wielerjournaliste Marije Randewijk ooit beschreef als een streven naar het übermensch-gevoel? Meer kunnen dan een ander?

Ik betwijfel het. Zo zit ik niet in elkaar. Het moeizame beklimmen van een berg geeft wel zelfvertrouwen. Mentaal en fysiek. Je voelt dat je leeft en dat het lichaam optimaal functioneert. Dat het hart klopt, dat de poriën openstaan en dat de spieren werken. Het vormt karakter en geeft denkkracht. Vastbijten, niet opgeven, de geest sterker dan het lichaam.

In de geest gebeuren gekke dingen. Van euforie naar diepe somberte, binnen een kilometer. Een stralende glimlach in alle eenzaamheid. Het diepe catharsis-gevoel. Maar even later slappe pap en zin om te stoppen. Even liggen.

Het mooiste is als op een gegeven moment tijdens de klim het denken stopt. Stukken fietsen in het onderbewuste. Wel trappen, wel sturen, maar er niet zijn.

Deze Colle di Sampeyre staat in het verrukkelijke boekje *Passi e Valli in Bicicletta Piemonte 2* – met vijf

sterren boven aan de lijst *Salite di estrema difficoltà*.
 Ik bedenk dat dit misschien de enige echte col wordt van mijn tocht. Als de werkplaats van Cucchietti gelijk heeft, kan ik mijn gedroomde reis vergeten. Alle hoge cols gesloten wegens lage sneeuwgrens. Maar ik wil het eerst met eigen ogen zien en trap stevig door.
 Even een stukje minder steil wegdek. Slokje water. Herstellen, zweet afvegen en weer in de houding springen. De cadans zit er standvastig in. Trap het op twee na lichtste verzet. Het kleine blad van de triple doet wonderen. Hartslag is hoog, maar niet in het rood. Denken wordt rekenen. Nog vijf kilometer stijgen met tien kilometer per uur, over een half uur ben ik in Elva op 1600 meter hoogte. Het is nu 10.10 uur, dus rond kwart voor elf kan ik daar aan de koffie zitten. Dat dwangmatige sommetje maak ik ongeveer elke tien minuten.

De smalle weg waarop ik fiets is een steil pad dat door een nauwe kloof slingert, langs een ravijn. Antieke, verroeste vangrails. Uit rotsen gehakte tunneltjes. Diep beneden kronkelt een riviertje naar de Maira verderop in de vallei.
 Het is de Strada 22, in 1951 begon de aanleg. Een weg voorzichtig uitgehakt in de rotsen. Tien tunneltjes, de langste is 200 meter. Meesterproef van Italiaanse wegenbouwers.
 Als ik halverwege ben, sta ik bijna stil in een hoek van 45 graden. Een stijgingspercentage van 15 procent. Kruip door smeltwater lekkende tunneltjes, onverlicht. Wind tegen. Koud, met in de verte af en toe een stukje blauwe lucht. De Cucchietti valt net niet om. We rillen. Dit moet de meest heftige maiden trip zijn die ik voor mijn nieuwe fiets had kunnen plannen. Niet eerst even rustig uitbol-

len op de Povlakte, maar meteen recht omhoog. Ik stel hem gerust: 'Over een paar weken zit je in het laagland. Horizontaal over de dijken met windkracht 7 in de rug.'

Na een van die door een rots gehakte tunnels stop ik om een foto te maken van het adembenemende uitzicht. Een regelrechte smoes, want ik kan niet meer. Mijn hart klopt hevig in de hals. Warm zweet parelt over armen, borst en voorhoofd. Als het bonken bedaart hoor ik vogels en het ruisen van het water diep onder mij.

Even verderop staat Maria. Haar handpalmen geopend, bloemen aan haar voeten, de ogen geloken. Het gepolijste beeld van deze heilige detoneert prachtig met het rauwe rotslandschap. Ik lees: *Madonna del Vallone Proteggi il Viandante* (Madonna van het Dal, bescherm de reizigers). Daaronder staat: *Ave Maria* en in kleinere letters *Piena di Grazia* (Vol van genade). Ik ben alleen hier, waan me onbespied en sla rustig een kruisteken.

Na een vierde slok water, een mueslireepje en een langgerekte fotosessie met Maria als geduldig model (en de nieuwe fiets in een opvallende bijrol), dwingen de koude rillingen van opdrogend zweet me op te stappen. Ik kom onmogelijk op gang. Laat me eerst weer een stukje naar beneden rollen om überhaupt de schoenen vastgeklikt te krijgen op de pedalen. Dan met een 'jump' het stuur om en zo de berg weer op. Even de tanden op elkaar, rugzakje iets beter aangespen en verstand weer op nul. Na een paar honderd meter begin ik alweer te rekenen hoe lang het nog duurt voordat de koffie wordt geserveerd in Elva, de eerste en enige pleisterplaats tot de top.

Hoe de tocht verder verliep ben ik vergeten. Herinner me vaag dat de zon ging schijnen, dat ik heb gezongen en volkomen kalm in een rustige cadans naar boven trapte.

Na koffie met chocoladetaart op het terras van de enige herberg van Elva vul ik bij de bron mijn bidons met vers bergwater. Met voldoende kracht voor het zware tweede deel van de tocht naar de bergpas van de Sampeyre, passeer ik tussen bomen verscholen koeien. Aan de rand van het dorp wordt flink getimmerd aan een boerderij. Het is droog, maar de wielen worden in de bochten van de slingerweg telkens nat van het bergwater dat over het wegdek stroomt.

Vlak boven de boomgrens staat een verlaten huis op de kruising met de toegangsweg naar de Colle di Sampeyre. Aangezien het reëel is om aan te nemen dat de Cucchietti-pensionado's gisteren gelijk hadden, is de kans groot dat ik hier weer terug zal keren voor de lange afdaling naar Dronero. Dus verstop ik hier mijn rugzakje en trap zonder bagage naar boven.

Bevrijd van overgewicht trek ik het desolate landschap in. Glooiende bergweiden. Maar heel steil: 9,5 procent stijging tot een kleine kilometer voor de top. Vlak voor de Colle di Sampeyre schieten bergmarmotten pijlsnel over het wegdek. Mist trekt voorbij. Geen mens te zien. Gras is hier grijs. De frêle fietsbandjes rijden door plassen stromend smeltwater. In sommige bochten is langs de sneeuwhopen nog maar 15 centimeter asfalt beschikbaar. Stuur strak erlangs.

Op de weg lees ik de witte kalkresten van vergane glorie. *Vai Pantani! Vai!* Marco Pantani was hier. Tijdens de Giro van 2000, rijdend in regen en sneeuw.

Na een bocht staat het er weer: *Vai Pantani!* Het ontroert me, de gedachte aan die kleine eenzame ziel. Niet al te snugger, foute vrienden, dorstig naar succes. Roemloos gestorven aan een hartstilstand op een kamer in hotel Rosa in de Adriatische badplaats Rimini. Zelfmoord? Cocaïne? Alcohol? Eenzaamheid? Van alles een beetje.

Eenmaal op 2284 meter hoogte wordt duidelijk dat de Cucchietti's gelijk hadden met hun verhalen over gesloten cols. Op de top is geen weg te zien. De sneeuwgrens begint bij mijn voorwielen. Ik parkeer de fiets rechtop in de sneeuwhoop. Stel me een helikoptershot voor, van een bergpas met een felrood karretje in een groot wit oppervlak. Mannetje in korte broek en rood windjack ernaast. Verder in de wijde omgeving geen teken van leven. Het is duidelijk dat mijn fietsplannen te wild zijn.

Weer warm en schoon op mijn tijdelijke jongenskamer sms ik de volgers thuis: *'De kop is eraf! Kapot van tocht van 90 km. Colle di Sampeyre 2284 m. Door smeltwater en langs hordes bergmarmotten in de mist. Alleen op de wereld. Pas gesloten door dikke platen ijs. Balen. DJ.'*

Binnen tien minuten komen de volgende antwoorden binnen: *'Hoe nu verder uit Dronero? Gewoon over de Matterhorn lijkt me. Geitenpaadje, herder, keutels, edelweiss.'*

En: *'Jezus, beestenweer! Sneeuwkettingen? Salve!'*

Of: *'Kut dat het zo koud is en passen gesloten zijn. Kun je wachten wat tijd betreft?'*

Maar ook: *'Arme schat. Heb net gezien dat het weer bij Turijn nog slechter wordt. Kus.'*

Hoofdstuk 4

Dronero

Waarin Gian Paolo Cucchietti de Nieuwe Fiets klaarmaakt voor vertrek en de tijdelijke hospita na een gloedvolle massage ontboezemingen bij volle maan doet.

'Als een blok geslapen na de tocht van gisteren. Spierpijn valt mee, behalve stijfheid in de onderrug. Het is acht maanden geleden dat ik iets steilers trapte dan de brug over het kanaal bij Driemond. Gisteravond gemasseerd door Maria Teresa. Was lekker, alleen stond er vreselijk slechte elektronische zweefmuziek aan. Maakte alvast de nieuwe route in mijn hoofd. Harde keuzes, zal laag moeten fietsen. Nergens hoger dan 1500 meter waarschijnlijk.'

Mijn reisdagboekje staat vol met dit soort monologen. Het blote feit dat ik een massage onderga, doet me denken aan de echte wielerwereld. Alsof je door de pezige handen van een soigneur zorgvuldig wordt geprepareerd om de volgende dag de bolletjestrui te pakken. In werkelijkheid ligt er een iets te zware man met ongeschoren benen en *love handles* boven zijn onderbroek kou te lijden op een geïmproviseerde massagetafel in de slaapkamer van de vrouw des huizes, die mijn lijf niet met krachtige kolenschoppen maar met tedere vingers bewerkt.

Liggend op mijn buik besluit ik het advies van Cucchietti's wijze wielermannen op te volgen en schrap tot Aosta alle cols die hoger zijn dan 2000 meter. Alleen de col van de Gran San Bernardo die me van Aosta naar Zwitserland moet brengen laat ik staan. Hopelijk is die open en kan ik daar de vlag op het dak van deze trip planten.

Het ergste van de gedwongen routewijziging is dat mijn gedroomde tocht over de Colle del Nivolet (2611 m) dwars door het natuurgebied Gran Paradiso nu niet doorgaat. De weg die op sommige kaarten wel en op andere kaarten niet bestaat. Dus dit keer geen onverharde wegen, geen vrijwillig levensgevaar, geen roekeloos heldenverhaal.

Ik denk terug aan september 1997. Een hachelijk avontuur op twee wielen in het hooggebergte van Zuid-Spanje. De wielervrienden hadden het dat jaar flink laten afweten en zo kwam het dat ik alleen met drs. C. in het vliegtuig stapte voor een bloedhete fietstocht van zeven dagen in Andalusië. Klimmen bij 37 graden Celsius.

In het miniboekje dat ik een week eerder maakte ter voorbereiding op die fietstocht staan wat adviezen: *'Vergeet geen petje tegen de zon, het kan er warmer dan 30 graden zijn. Monteer een extra bidonhouder. Vergeet geen warme kleding voor de nacht in het hooggebergte (> 3000 m).'*

Ook staat er dat ik voor woensdag 10 september al een

overnachting heb geboekt in Capileira, op de flanken van de Sierra Nevada. In mijn boekje wordt deze dag aangeduid als de koninginnenrit. Van 700 meter in Granada naar 3398 (!) meter op de Pico Veleta. Volgens de reisgids *Fietsen in Zuid-Spanje* is deze doodlopende weg de hoogste verkeersweg van Europa. '*Over de Col de Pico Veleta gaat de weg onverhard verder naar Capileira en is zodanig van kwaliteit dat alleen mountainbikes dit traject kunnen afleggen.*'

In mijn eigen routeboekje schrijf ik aan mijn reisgenoot: '*Het is een klim van 42 kilometer die eindigt bij de berghut Felix Mendez. Daarna wil ik kijken of we kunnen doorsteken naar Capileira. Zo niet, dan moeten we terug naar Granada en onze route herzien. De klim is dus erg lang, maar gelijkmatig en niet steil (5-7 procent). Het hoogteverschil is 2700 meter.*'

We vertrekken om half acht 's morgens uit Washington Irving, een majestueus hotel, gelegen tegenover het Alhambra in Granada. Zonder ontbijt, snel de stad uit. Alle bagage op de fiets, een kilo of 10. Petje op, zonnebril en dunne kleren aan. De stemming is geconcentreerd en vastberaden. De hoogste verkeersweg van Europa lonkt. Slechts 54 kilometer verderop, waarvan 42 omhoog.

Het gevoel aan het begin van zo'n ongewisse tocht is een mix van onverschrokkenheid en angst. Koppie erbij om niet te veel energie te verspelen in het eerste stuk. Goed eten en drinken en bijtijds op de fiets rusten.

Tot een uur of tien blijft het redelijk koel aan de voet van de berg. In de schaduw van de bomen is het zelfs fris, maar als de bossen weg zijn en de boomgrens is gepasseerd, wordt de klim een hete hel. Gelijkmatig klimmen op een vast verzet, de geest helder proberen te houden door nergens aan te denken. Drinken, op elk kwartier een kwart bidon, na twee uur bijvullen. Plassen als er bomen zijn die schaduw geven.

Prachtige kale natuur, tientallen kilometers vergezichten. De hoogste top, de Mulhacen van 3482 m, is vlakbij te zien. We pauzeren bij een uitkijkpost. Zo hoog zijn we nooit eerder met de fiets geweest. Maar we willen verder. Naar de plek waar het alleen voor mountainbikes geschikt zou zijn.

De ijle lucht, de grote hitte, de lange duur van de klim en de onzekerheid of we straks inderdaad over de top kunnen, maken deze tocht tot een zorgelijke bezigheid. We komen bij een slagboom. Daar staan tientallen autobussen met toeristen op een grote parkeerplaats. Want ook in hun reisgids staat deze weg natuurlijk aangeprezen als de '*carretera mas alta*' van Europa.

De beheerder van nationaal park Sierra Nevada houdt ons bij de slagboom tegen.

'Jullie mogen niet verder,' zegt hij beslist.

We zeggen wanhopig: 'Maar de weg gaat na de slagboom nog een stuk verder naar boven. We zitten al sinds vanmorgen half acht op de fiets en we komen helemaal uit Granada fietsen. U begrijpt toch wel dat we nu ook de uiterste top willen halen.'

Hij begrijpt het. 'Ik maak voor deze keer een uitzondering, maar pas op voor de rotsblokken op de weg en weet dat verderop de weg echt eindigt.'

Ik zeg: 'We hebben voor vanavond een slaapplaats geboekt in Capileira, aan de andere kant van de berg. En weet u iets van berghut Felix Mendez, die volgens de kaart vlakbij moet liggen?'

'Felix Mendez is een prima plek om te slapen. En dan kunnen jullie morgenochtend lopend met de fiets over het ongeplaveide pad naar Capileira,' zegt hij terwijl hij de slagboom opent. Hij wenst ons succes en kijkt ons hoofdschuddend na.

We rijden een met enorme rotsblokken bezaaide afgesloten asfaltweg op. Rechts enorme radiotelescopen. Militair terrein. Het is steil en stil.

Op het hoogste punt, aan het einde van die 54 kilometer lange route die we begonnen, houdt met een kaarsrechte lijn overdwars plotseling het asfalt op. Het vervolg van het pad bestaat uit wit gruis en witte stenen. De aanblik van de strakke hellingen in de avondzon is fenomenaal. Gieren cirkelen op de thermiek.

In dit natuurschoon staat een reusachtig verkeersbord met verroeste verboden. Auto's, brommers en fietsen blijken niet welkom op het smalle pad achter dat bord. Een wandelweg dus. Van witte kalk, zo lijkt het. Rul zand, scherpe stenen en flink steil haarspeldend gaat het naar beneden. We slikken en berekenen de risico's. Volgens de kaart behoort dit pad tot het langeafstandswandelpad GR 411. Ik schat de afstand naar Capileira op 16 kilometer. Dus als we morgen een beetje doorlopen zijn we daar binnen drie uur.

De berghut Felix Mendez is te zien. Hij ligt een flink aantal haarspeldbochten lager. Er wapperen vlaggen. Het water loopt ons in de mond bij het vooruitzicht van een koel biertje in de avondzon, in de volmaakte rauwheid en stilte van dit Spaanse hooggebergte. Dan douchen, lekker eten, glaasje wijn en vroeg onder de wol. We pakken de fiets bij het stuur en dalen onzeker schuifelend naar het beloofde land.

Na een dik kwartier stoppen we bij een uithangbord met foto's van *refugio Felix Mendez*. De hut telt twee verdiepingen en ligt tien meter lager in een grasweide. Kleurrijke kratten met lege flesjes bier en frisdrank staan aan de achterzijde. Verder verdacht weinig leven. We lopen erheen. Alle deuren op slot. Geen bier, geen eten, geen bed. Gesloten.

Na 54 loodzware kilometers zakt de moed ons ter plekke in de schoenen. Wat nu? De tijd begint te dringen. Het is kwart over zes en de avond valt snel op 3300 meter hoogte. Bovendien wordt het erg koud als de zon weg is. Het warmste dat we bij ons hebben is een dunne fleece. Wanhoop nadert. Helder blijven denken, niet emotioneel worden. Vooral geen paniek.

We kunnen twee dingen doen. Met de fiets naar boven lopen, een kilometer of twee over dat zandpad en dan over de asfaltweg terug naar Granada dalen. Of we gaan verder over dit pad. Ik becijfer dat we met een maximale daalsnelheid van 15 kilometer per uur in ruim een uur, net voor donker, in slaapplaats Capileira moeten kunnen zijn. Moeten we natuurlijk geen lekke banden krijgen of in het ravijn donderen.

De zon daalt snel. Om geen tijd te verliezen stuiteren we met gevaar voor eigen leven naar beneden. In de verte zien we op de steile flank een pad uitgesneden.

Daar moeten we overheen. Ben bang en besef dat niemand behalve de parkwachter weet dat we hier zijn. Als we vallen en iets breken is er geen enkele kans op hulp. Als we verongelukken, kan het weken duren voordat ons stoffelijk overschot wordt gevonden.

De onomkeerbaarheid der dingen en de doodsangst zorgen voor een flinke dosis adrenaline. Ik koers vlijmscherp langs de keien, als een jockey staand op de pedalen, laat het achterwiel volgen in het spoor van de voorvork. Het stuurtasje met kleding en toiletspullen klappert op en neer, maar zit goed bevestigd.

Handen niet te verkrampt op het stuur, vingers losjes aan de remmen. Nooit hard remmen, vanwege het slipgevaar. Goed een paar meter vooruit kijken, anticiperen op grote stenen en zorgvuldig zoeken naar de beste stukjes wegdek. Vertrouw op mezelf, op mijn fiets en op een gunstig lot.

Na verloop van tijd gaat angst over in waanzin. Lach hardop om de situatie. Als je maar lef hebt en controle over jezelf en het materiaal. Gevaarlijke gedachten. Ik versnel mijn vaart door mee te gaan trappen en af en toe opzettelijk licht te slippen. Best lekker eigenlijk, racen tegen de ondergaande zon in een van God, parkwachters en berghutbeheerders verlaten stukje Spaans hoogland.

Na een half uur afdalen hebben we wonder boven wonder nog steeds geen lekke band. Wel lichte kramp in vingers en handpalm van het continue remmen. De kuiten houden het goed. Ook de spieren in de dijen kunnen de staande houding aan.

De geest is goed. Gedachten zijn verreweg het belangrijkste in dit soort situaties. Mentale scherpte voor alles.

Links is de berg, rechts een steile en diepe afgrond. Een schuine lijn met een hoek van ongeveer 45 graden. Geen boompje dat onze val zal breken. Ik blijf strak geconcentreerd op de linkerhelft van het ongeveer twee meter brede pad.

In de verte zie ik een auto staan. Ik hoop op een terreinwagen met aardige mensen die ons met fiets en al meenemen. Als we ter plekke komen blijkt het een met kogels doorzeefde verroeste auto te zijn. Moet hier al jaren staan. We stoppen even bij het wrak. Angstig zwijgend nemen we een zuinig slokje uit de bidon.

De volgende stop is een minuut of tien later. Een vervallen berghutje aan de linkerzijde van de weg. Verlaten onderdak in tijden van nood. Geen eten, geen vuur, geen water, geen bedden. Alleen muren en een dak. We vinden het nog te vroeg voor dit soort noodgrepen. Het is nog zeker een half uur licht en we verwachten dan wel in de bewoonde wereld te zullen zijn.

Voort gaat de tocht. Intussen heb ik een gevaarlijke bedrevenheid voor deze manier van fietsen ontwikkeld. Ga het zowaar leuk vinden en zie op mijn teller dat ik met 22 kilometer per uur naar beneden stuiter. Af en toe klap ik in een kuil, maar blijf op de fiets. Denk niet meer aan vallen.

Als er na anderhalf uur nog steeds geen glimp van bewoning of verandering van landschap komt, begin ik te twijfelen aan de juistheid van mijn berekening. Er komt een kruising met een ander pad. We stoppen kort voor overleg en gokken dat we rechtdoor moeten.

Na een minuut of vijf zien we in de verte een *refugio* à la Felix Mendez. Hetzelfde beeld: wapperende vlaggen, kratten met lege flessen. Maar ook hier geen teken van leven. We wagen het niet om erheen te lopen, stappen op en vervolgen ons pad. Goed nieuws, de boomgrens nadert. Op een bergkam rijdt C. lek. We vloeken. Sneller dan hier hebben we nooit eerder een band verwisseld.

Het is bijna donker en we zijn koud geworden van het

stilstaan. We trekken alle beschikbare kleren over ons wielershirt aan. Geen lange broek, want die kan tussen de ketting komen. C. begint tegen me te schelden. 'Jij ook altijd.' Hij wilde best terug naar Granada. Ik niet. *No way*.

In het donker gaan we verder. Ik maak me zorgen, we zijn al bijna twee uur in de wildernis zonder een teken dat het pad zijn einde nadert. Heel in de verte flikkeren wat verlaten lichtjes. Ik dank de Grote Koersdirecteur voor een half maantje en een onbewolkte hemel. We gaan verder, een bos in onder het vage schijnsel van de maan. Als razenden slingeren we over een zandpad door het bos. Ik rijd voorop en schreeuw heel hard 'kuil' naar C. achter mij als ik in een kuil kwak of er juist een weet te vermijden. Vervolgens hoor ik hem vloekend ook met zijn voorwiel in die kuil slaan.

De concentratie is hier in het halfduister nog hoger dan in het avondlicht op de flanken van de berg. De vrees voor neerstorten in een ravijn heeft plaatsgemaakt voor angst om tegen een boom te klappen of uit een bocht te vliegen. Ook hier zal niemand ons vinden als er iets vreselijks gebeurt.

De lol is er onderhand af. Ik snak niet eens meer naar bier, ik verlang naar asfalt. Gewoon een stuk plat wegdek waar je niet stuitert en stof hapt. We vragen ons af hoe lang nog. Met het overschrijden van de boomgrens komen de dorpjes rond 1500 meter hoogte binnen bereik. Op een bepaald moment stoppen we om de van het remmen verkrampte vingers even rust te geven.

Ineens roep ik tegen C.: 'Voel jij wat ik voel? We staan op asfalt!' Een juichkreet en ontlading.

Langzaam laten we ons in het donker naar beneden rollen, zittend op een smal wielerzadel als ware het een zachte fauteuil. We hebben het overleefd. We zwieren door de onverlichte bochten een bebouwde kom binnen. Honden blaffen en rennen met ons mee. We schelden en schoppen ze van ons af. We dalen verder, de rug rechtend, God dankend.

Het hotel is snel gevonden. We zetten de fietsen op het terras en vallen letterlijk met de deur in huis omdat het afstapje nogal hoog is. De waard en zijn vrouw kijken ons met gefronste blik aan. Wat komt daar nou binnen, iets over half tien? Twee totaal onder het stof zittende wildemannen in wielerbroek met drie lagen kleding over elkaar. Een woeste blik in de ogen. Bier! Water! Eten!

Ik vertel de waard waar we zojuist vandaan zijn komen fietsen. Hoofdschuddend hoort hij het aan. 'Dat pad is meer dan 30 kilometer lang en alleen voor mountainbikes geschikt,' zegt hij. 'En zelfs voor hen is het daar niet veilig, want gisteren zijn twee fietsers verongelukt op dat pad. In het ravijn gestort, op klaarlichte dag.'

We bestellen snel twee *cañas*.

Tien jaar later, in de stijlvolle ontbijtkamer van Casa Conte in Dronero, even voor het begin van een nieuw ongewis avontuur, vraag ik me af waarom ik dergelijke onverantwoordelijke dingen doe. Roekeloos en onbezonnen. Is het de onweerstaanbare lokroep van het onbekende die me naar gevaarlijke plekken leidt? Nieuwsgierigheid, aangewakkerd door een zekere neiging tot zelfdestructie? De stellige overtuiging dat de toekomst onzeker is en het einde altijd nabij?

Een uur later fiets ik het gehucht Villar San Costanzo binnen. Bij het gemeentehuis rechtsaf. Remmen, afstappen, de golfplaten deur door onder het verweerde naambord van Bici Cucchietti. Het is tien over tien. De kippen lopen als vanouds vrij over de binnenplaats. Op een houten bankje zit Mariangela Cucchietti even bij te komen van het wieden van onkruid in haar moestuin.

Haar man is een achterwiel aan het spaken in de stille werkplaats. Hij lacht, steekt zijn hand op en gaat verder met zijn secure werk. Zijn zoon heeft vandaag een vrije dag, vandaar. Ben blij dat de maestro zelf de definitieve afstelling van mijn fiets zal doen.

Ik neem plaats naast signora Cucchietti. Of ik koffie wil? Uiteraard. Er is een mager zonnetje en het is net warm genoeg om buiten op mijn beurt te wachten. Ze reikt een plastic bekertje met espresso aan. Ik sta op en loop de kleine werkplaats in. Gian Paolo Cucchietti werkt gestaag door terwijl ik de tijd neem om nog eens goed de wielerfoto's aan de muur te bekijken. Vergeeld en soms in een lijstje vullen ze de ruimte.

Artikelen uit oude kranten hangen ernaast. Ik smul van het twee pagina's grote 'Waar zijn ze gebleven, de kampioenen van toen'-artikel in de *Ciclismo Illustrato*. De familie Cucchietti poseert stralend in de huiskamer, een foto ernaast toont Cucchietti in volle glorie, met een wit Max Meyer-wielerpetje op, witte sokjes, toeclips, zonder handschoenen, gebogen over zijn stuur, de handen diep in de beugels tijdens een tijdrit op 4 juni 1967 in de vijftigste Giro d'Italia.

We lezen zijn levensloop in een overzichtelijk kadertje rechtsonder: Gian Paolo Cucchietti, geboren op 25 juni 1942 in Dronero. Prof van 1965 tot 1971. Woonachtig in Villar San Costanzo. Eén overwinning: Grote Prijs van Antibes. Reed vijf keer de Giro d'Italia, eindigde tussen de 34ste en 51ste plaats. In 1967 vierde in de Grote Prijs van Zürich.

Wielerjournalist Guido Campana begint zijn artikel met een opsomming van de beroepen die Cucchietti had: bediende in een *panetteria* (broodjeszaak), arbeider in een koekjesfabriek, professioneel wielrenner, eigenaar van een bar, ploegleider van een profploeg en uiteindelijk, sinds 1975, fietsenbouwer. 'En niet zomaar eentje,' volgens Campana, 'want hij heeft met zijn merk Bici Cucchietti de markt van Zuid-Piemonte veroverd.'

In het verhaal vertelt Gian Paolo Cucchietti over zijn mooiste wielerherinnering: 'Het was in de twintigste etappe van de Giro d'Italia van 1967. We waren ontsnapt met een groepje van drie in een bergetappe. Ik deed het meeste kopwerk en we gingen heel hard. Felice Gimondi, die twee jaar eerder als debutant de Tour de France had gewonnen, volgde op korte afstand. Omdat wij zo hard fietsten kon hij in die etappe een kwartier uitlopen op Jacques Anquetil. Daarmee heeft Gimondi dat jaar de Giro gewonnen. Die dag was ik op mijn best.'

Guido Campana vertelt in zijn artikel dat hij als kind een groot fan van Cucchietti was: 'Als kind kocht ik elke dag de krant *Tuttosport* om te zien als hoeveelste mijn streekheld was geëindigd. Voor ons, jongens uit de provincie, was jij, "*Cucchio*", onze Eddy Merckx.'

Ik kijk over mijn schouder naar de jeugdheld van wielerjournalist Guido Campana van de *Ciclismo Illustrato*. Trui, werkschoenen, blauwe overall, leesbrilletje voor het fijne werk. Grote handen sleutelen aan een fragiele fiets. Hij werkt geconcentreerd door. De fiets moet af want hij wordt voor de lunch gehaald. De mijne leunt nog buiten tegen de muur in de schrale ochtendzon.

Ik lees verder in de collectie artikelen die de muren

van de werkplaats bedekt. Een flink stuk in *La Stampa*, verschenen op 9 december 2003 onder de kop: 'Waterdrager en bedenker van fietsen.'

In lyrische bewoordingen schrijft Gianni Romeo: *'De beroemde coureur Cucchietti heeft de geprononceerde neus van de karakteristieke wielrenner met hart en passie voor de fiets. Zijn benen waren die van een knecht en hij heeft vanaf 1965 zeven jaar lang dat werk als beroep uitgeoefend.'*

Over fietsen zegt Cucchietti tegen de journalist: *'Tijdens een zware bergrit droomde ik ervan om de geiten te gaan hoeden die ik langs de kant zag. Alles beter dan het fietsen tegen een berg op.'*

En over zijn huidige bestaan als fietsenbouwer: *'Ik werk zes van de zeven dagen tien uur per dag. Als ik vrij heb of in de pauzes, ga ik fietsen. Om te ontspannen werk ik in mijn moestuin en dan geniet ik van de geur van mijn groente. En ik ben blij met het gezelschap van mijn vrouw Mariangela. Ik ben heel gelukkig met dit leven. Het is rustiger en dat bevalt me goed.'*

Dan is er beweging op de werkvloer. De blauwe Cucchietti maakt plaats voor mijn rossonero. Mijn nieuwe fiets zweeft aan de haken van staaldraad. Met een scherpe blik gaat de oud-coureur aan de slag. Draaien aan de trappers, schakelen. Gian Paolo Cucchietti pakt de achterband tussen duim en wijsvinger en geeft een korte slinger aan het wiel. Zijn geoefende oog ziet dat er geen slag in het ronddraaiende achterwiel zit. Toch prutst hij een pietsie met een spakenspanner. Voor de zekerheid.

Checkt de remmetjes en haalt mijn nieuwe fiets uit de beugels. Parkeert hem tegen de werktafel. Ik vertel dat het stuur iets te ver weg zit en dat het zadel misschien wat lager kan. Hij vraagt of ik even wil gaan zitten. Ik stap op en hij houdt de fiets stevig vast. Kijkt naar de stand van mijn benen. De armen. Het bovenlichaam. Weet genoeg. Hij vervangt de stuurpen voor een iets kortere.

Ik vraag de winnaar van de Grand Prix d'Antibes hoe hij vroeger zijn handen hield als hij rustig in het peloton fietste. Hij doet het voor. De grote handen liggen ontspannen op het stuur. De toppen van de middel- en ringvingers raken de remhouders, de pink ligt op één lijn met het stuur. Waar de bocht van het stuur begint, eindigen de polsen. Ik doop het de Cucchietti-stand en zal voortaan aan deze man denken als ik mijn handen op deze wijze ontspannen op het stuur leg en voorwaarts peddel.

Ik vraag hem ook over doping, want ook dit jaar is het weer raak in het peloton. 'Werd veertig jaar geleden, in uw tijd, ook al doping gebruikt?' vraag ik naïef. Hij stopt even met werken, kijkt me aan en lacht schamper. 'Wat denk je? Natuurlijk gebeurde dat. Tommy Simpson overleed op de Mont Ventoux, omdat zijn hart het begaf. Alcohol, amfetamine, pillen, poeders. Het was de gewoonste zaak van de wereld.'

Ik vraag hem of hijzelf ook doping heeft gebruikt. Het antwoord komt zonder blikken of blozen. 'Tuurlijk heb ik gebruikt. Iedereen deed het. Het hoorde bij de sport.'

Hij zet het zadel iets lager. De bandenspanning wordt gecontroleerd. De oude crack poetst nog wat aan de glimmende lak. Het ritueel kan mij niet lang genoeg duren. Het is vijf voor twaalf. Cucchietti verklaart de fiets klaar voor de grote reis. Nu ik nog.

Het is een bijzonder moment, daar met zijn tweeën in die heerlijke werkplaats. Ik voel me veilig, in goede handen. Beleef heel intens dit einde van het eerste deel van mijn expeditie. De fiets is klaar. De sentimentalista slikt en probeert het moment te rekken. Hij merkt het. 'Wil je nog een koffie?'

'Graag!'

Hoewel ik een hekel heb aan veelkleurige, gesponsorde wielerkleding (draag het liefst effen rood of zwart) besluit ik een wielertenue van Bici Cucchietti te kopen. Dat stelt het vaarwel weer minstens een half uur uit en is een leuk aandenken. Bovendien is het geen felkleurig, hoofdpijn veroorzakend shirt. Gewone rechte rode letters op een witte ondergrond. Blauwe korte mouwtjes en blauwe zakjes op de rug. Lichtblauwe koersbroek met bretels en in strakke letters Bici Cucchietti op de dijen.

Vlak voor vertrek vraag ik aan Gian Paolo Cucchietti of zijn vader ook wielrenner was. Hij kijkt me in de ogen: 'Mijn vader overleed toen ik dertien was.' Stilte snijdt door de werkplaats.

Ik vertel over mijn vader. Hij kijkt dwars door me heen. We zwijgen. We hoeven niets te zeggen. We omhelzen elkaar stevig bij het afscheid. Ik loop met de fiets aan de hand de golfplaten deur door en kijk niet meer om. *Vai DJ!*

Als ik de 5 kilometer van Villar San Costanzo terugfiets naar mijn tijdelijke woonplaats Dronero, weet ik ineens waarom ik deze tocht maak: Vader Roeleven fietste nooit van Italië naar huis.

Mijn vaders droom was om na zijn pensionering een houten huisje te bouwen op het land van de boer aan de overkant van de winkel in het kleine dorp waar we woonden. Klein en comfortabel, met uitzicht over de weilanden. Met een geitje, wat kippen, misschien een koe. Ook een varken sloot hij niet uit. Want eigenlijk wilde Theo Roeleven boer worden en niet het café en de kruidenierszaak van zijn vader overnemen.

Twaalf jaar voor het uitvoeren van zijn droomwens sneuvelde hij. In drie jaar langzaam weggeteerd. Zittend in een gemakkelijke stoel achter het slaapkamerraam op de eerste verdieping van het huis aan 't Watertje. Met uitzicht op straat, zodat hij klanten, vrienden en bekenden voorbij zag komen. Zij zagen hem zitten en zwaaiden naar boven. Hij zwaaide terug. Tot een week voor zijn dood. Toen kon hij, vel over been, zijn bed niet meer uit. Een lege stoel stond voor het raam. Het dorp wist hoe laat het was. Ik ook.

Als ik aankom bij Casa Conte staat Maria Teresa buiten de schone was op te hangen. Ik loop naar haar toe en we praten wat over het weer.

'Het is je laatste avond toch? Heb je zin om mee te gaan naar Parco Valle Pesio, een natuurreservaat in de bergen? Ik ga daar vanavond met vrienden eten en we maken een nachtwandeling om de volle maan te zien,' vraagt ze. Hoewel ik morgen bijtijds weg wil fietsen, lijkt het me een bijzonder afscheid dat ik niet moet willen missen.

Ze vraagt naar signore Cucchietti. 'Ik ken hem alleen van naam. Heeft hij wel eens wat gewonnen eigenlijk?'

Ik zeg dat hij één keer een koers heeft gewonnen en

drieëntwintig keer tweede was. *'Che povero!',* arme stakker, zegt ze.
Snapt niets van wielrennen.

Maria Teresa heeft met haar vrienden afgesproken in een *rifugio,* op 1010 meter hoogte. In de houten berghut zitten vijftien volwassenen en acht kinderen. Het staat op een bergweide aan de rand van steil oprijzende rotsen. De hemel is bewolkt, het miezert zelfs, dus de vraag is of de volle maan zich vannacht laat zien.

Maria Teresa stelt me aan rap ratelende Italiaanse gezinnetjes voor als vriend en fietser uit Nederland. 'Morgen begint hij aan zijn terugtocht,' zegt ze. Ik hoor mensen 'bravo' zeggen en ze kijken me aan alsof ik gek ben.

Ik beland aan tafel tegenover een gespierde man van begin veertig met felblauwe ogen en stevige schouders. Hij heet Domenico, maar sinds een bezoek aan Australië noemt hij zich Nick. Hij is verpleegkundige op een ambulance in de provinciehoofdstad Cuneo. Hij scheert zijn hoofd en scheert zijn benen. Een fietser. Heeft in Noorwegen tijdens de midzomerzon een wedstrijd van Trondheim naar Oslo gefietst, 540 kilometer lang.

Nick rijdt volgende maand La Fausto Coppi, een toertocht van ruim 300 kilometer over vier beruchte cols. Kortom, een disgenoot die in een lang weekeinde doet waar ik twee weken voor heb uitgetrokken.

'Ik ken Cucchietti van naam, maar heb nooit op zijn fietsen gezeten. Ik heb een Colnago,' zegt Nick. Als ik vertel dat ik een stalen frame heb gekocht, volgt een heel referaat over de verschillen tussen aluminium en stalen frames. 'Alu is niet geschikt voor lange afstanden. Veel te nerveus. Staal is comfortabel, dus je zit goed.'

Hij vraagt me of ik vaseline gebruik. Ik knik. 'Laat me je een tip geven. Tegen schrale billen en geslachtsdelen moet je Italiaanse babyzalf kopen van het merk Fissan. Veel beter dan vaseline.'

Om te illustreren dat ik als ongeschoren-benen-man een heel ander slag fietser ben, leeg ik in één teug het glas rode wijn en biets bij de buurvrouw een sigaret. Philip Morris Light. Niet te roken, maar voldoet als smoes om van tafel te gaan.

Als ik hem voorbijga draait Nick zich om en zegt: 'Racers don't smoke...' Ik lach, haal schouders en wenkbrauwen op en zeg: 'Je hebt gelijk, maar ik ben geen racer. Ik ben een rider.'

Buiten staat mijn hospita Maria Teresa afgezonderd van de rest tegen een laag muurtje geleund. Ze rookt ook. Marlboro. Ik ga er zwijgend naast staan. Ze kijkt schuin omhoog, naar waar je de maan zou kunnen vermoeden. Maar ze ziet geen maanlicht. Zelfs geen schijnsel.

Ik vraag naar haar man, die een stuk ouder is dan zij. 'Enrico is vijfenzestig en uitgever van beroep. Vroeger was hij directeur van een grote machinefabriek. Ik was sinds mijn negentiende zijn secretaresse en ben niet veel later met hem getrouwd. Een jaar of tien geleden besloot hij van zijn passie zijn beroep te maken. Nu geeft hij boeken uit over kunst en de natuur. Mijn liefde voor hem is over. We leven nog wel samen, maar gescheiden van tafel en bed,' zegt ze zacht.

Ik moet ineens aan de massage denken van gisteravond. In haar slaapkamer nota bene. Wat zou de heer des huizes daarvan hebben gedacht?

'Heb je al een nieuwe liefde gevonden?' vraag ik.

Maria Teresa steekt nog een sigaret op en zegt: 'Nee.'

Verderop zien we een wild over het bergpad springende ree. Maria Teresa fluisterroept: 'Kijk, kijk, een *capriolo.*' Leerzaam avondje. Billenzalf is beter dan vaseline en een Italiaanse ree heet een *capriolo.*

Die nacht slaap ik onrustig op mijn jongenskamer in Casa Conte.

Hoofdstuk 5

Dronero – Lusernetta, 77 km

Waarin vlak voor vertrek relevante vragen worden gesteld. Billenzalf of vaseline? Tommy Wieringa of *De Profeet*? Blijven of gaan?

'Ik weet het nog goed, gewicht was voor toeristen. Mijn reizen zouden licht zijn, met wind onder mijn zolen. (…) Het was een kleine cultus van lichtgewicht materialen. Ik deed er niemand kwaad mee, maar lachte de zwaarbeladen reiziger zachtjes uit. Gewicht was een hindernis voor wie deel wilde hebben aan het mysterie van de wereld.'
  (Uit: Tommy Wieringa, *Ik was nooit in Isfahaan*)

De ochtend van vertrek. Er is geen ontkomen aan. Doe een *slow breakfast*. Ik treuzel. Alleen op stap. Tot nu toe wist ik me omringd door aardige mensen als Maria Teresa en de familie Cucchietti, maar dat is over een paar uur afgelopen.

  Ik zit in ondergoed op de rand van het bed in de ruimte die per dag meer mijn jongenskamer is geworden. Staar naar de deur. Stilte. Concentratie. Wat ga ik op mijn rug meenemen en wat niet.

Ik begin stapeltjes te maken op het witte laken van het opengeslagen bed.

Stapeltje 1: het belangrijkste. Paspoort, creditcard, euro's, landkaarten, zonnebril, mobiele telefoon, fotocamera, notitieboekje, pen, leesboeken, toiletspullen (miniverpakking tandpasta, deodorant, gezichtscrème, eau de toilette, aspirines, papieren zakdoekjes, wegwerpscheermesje, tandenstokers, inklapbare tandenborstel, voetencrème, zonnebrand).

Stapeltje 2 vormt zich daarnaast: de wielerspullen. Helm, handschoentjes, fietsschoenen met in de zool verzonken klikkers om aan de pedalen vast te maken, wielerbroek met bretels, wielershirt, reservewielershirt, rood windjack met lange mouwen, rood mouwloos Canadees windjack, wit onderhemdje, halsdoekje, twee paar witte sokjes. Reservebandjes zitten in een minuscuul tasje onder het zadel en verder neem ik een los fietspompje in de rugzak mee.

Stapeltje 3 bestaat uit avondkleding. Donkere lange broek (lichtgewicht), grijs T-shirt van Cucchietti, beige poloshirt met opgenaaid logo van Bici Cucchietti, een donkere onderbroek, een paar zwarte sokjes, een zwart zijden overhemd, een dunne fleece met lange mouwen, een mouwloze fleece, lichte sloffen.

Ik gok op mooi weer, dus de beenwarmers, dikke fleece, dichte handschoenen en overschoenen blijven achter bij Maria Teresa, evenals de vaseline. Ik kies uit allerlei deelkaarten voor één kaart, de 428 van Michelin die geheel Noord-Italië bestrijkt. In Zwitserland en Frankrijk moet ik het zonder kaart kunnen redden. Ik heb de route thuis al gemaakt en gedetailleerd opgeschreven. Scheelt ruimte en gewicht.

Allerlei nuttige informatie over de te beklimmen cols laat ik achter, want die beklimmingen zitten toch niet meer in het parcours. Helaas, maar scheelt wel gewicht.

In het kantoor van Maria Teresa heb ik de boeken die ik wil meenemen op een weegschaaltje gelegd. Het boek van Benjo Maso over de Tour de France van 1948 weegt maar liefst 440 gram. Ik sta in dubio. Het is veel te zwaar, misschien lees ik er nauwelijks in. Maar ik heb de schrijver persoonlijk beloofd dat ik zijn boek onderweg zal lezen. Belofte maakt schuld, het boek gaat mee.

Ik besluit *De Profeet* (110 gram) in Dronero achter te laten. De kaart van mijn geliefde die voor in het boekje zit, gaat wel mee op weg. Voor ik *De Profeet* op het bed met achter te laten spullen leg, lees ik er nog even in.

Ik lees en noteer voor onderweg in mijn dagboekje de volgende passage: *'... je bent niet opgesloten in je lichaam, noch gekluisterd aan velden of huizen. Wat je werkelijk bent, verblijft boven de berg en zwerft met de wind.'*

De Profeet blijft dus achter, maar wat te doen met Tommy Wieringa's gebundelde reisverhalen *Ik was nooit in Isfahaan*. Ik scheur het boek in tweeën. De eerste 86 pagina's heb ik gelezen. Die blijven achter, de rest gaat mee. Bedenk dat ik onderweg de dan gelezen pagina's per post naar Nederland kan sturen. Plak ik het boek thuis weer in elkaar.

Tevreden kijk ik naar mijn rugzakje. Meer dan hij kan bevatten zal niet meegaan. In mijn Amsterdamse werkkamer hangt op een prominente plaats een fotootje met de uitgestalde inhoud van mijn stuurtasje. Gemaakt in het jaar 2000 toen ik een week lang in mijn eentje door Slovenië fietste. Een troostrijk beeld. Als alles helemaal misgaat, is dit de sleutel tot de ontsnapping. Niets dan droge kleren, je benen, een fiets en wat geld zijn nodig om vrijheid te vinden.

Ik fotografeer de geselecteerde stapeltjes kleding en spullen die op het bed liggen. Een stilleven van een niet zo stil leven. Ik vouw alles zorgvuldig op. Oprollen, lucht eruit. Mijn scholing als kruidenierszoon betaalt zich hier uit. Al op jonge leeftijd werd ik in tijden van grote winkeldrukte van het schoolplein gehaald om in plaats van te voetballen bij de kassa boodschappen in kartonnen dozen te pakken en die vervolgens naar de auto van de klant te sjouwen.

Steeds meer verhuist naar het bed met spullen die hier achterblijven. Uiteindelijk besluit ik rigoureus welke last ik moet dragen. Bovendien moet ik onderhand eens vertrekken. Het is al na elven.

Ik loop nog een keer door de gangen van de villa naar het grote dakterras en kijk uit over de tuin en de bergen. Het is goed fietsweer, niet heet, lekker fris. Blauwe lucht met een paar wolken.

Als ik langzaam de brede marmeren trap afdaal heb ik het gevoel alsof ik naar het schavot ga. De reistas met achter te laten spullen is stampvol en zwaar. Maria Teresa kijkt bezorgd als ze de tas ziet. 'Kan je echt zonder al die spullen?'

Ik haal mijn schouders op. 'Ik heb geen keuze.'

Ze zegt dat er vanmorgen iemand voor me heeft gebeld. 'Een vrouw. Het was niet dringend. Ze wilde alleen weten of je er nog was. Ik heb gezegd dat je vandaag vertrekt. Haar naam weet ik niet meer.'

Bij het afscheid roept Maria Teresa: '*Campione.*' Dat doet goed. Ik kus haar op de wangen en geef haar jongste zoon een aai over de Italiaanse bol. Ik loop met de fiets aan de hand over het grind naar de straat. Gladgeschoren, zonnebril gepoetst, banden vol met lucht, rugzakje om, helm op, nieuwe fiets. Bij het hek draai ik me om en geef een handkus. Ze lacht en roept '*pedala, pedala!*'. Opschieten! Vort!

Ik rol soepel Dronero uit. Het is tegen twaalven. Fiets langs de afslag naar Villar San Costanzo. Wuif naar een denkbeeldige familie Cucchietti en trap zo traag mogelijk door.

Op weg naar Busca, na een kilometer of 5, zie ik een bekende. *La dama nera*, de tafeldame van de genereuze Russisch-Italiaanse graaf rijdt me op de andere weghelft tegemoet. Ik herken haar, maar zwaai niet. Wil door, geen praatjes meer. Weg.

Over mijn schouder zie ik dat ze haar auto stopt en draait. Geen ontkomen aan dus. Ze haalt me in en parkeert haar auto in de berm. Stapt uit en wenkt me. Ik stop en begrijp ineens dat zij de vrouw is die vanmorgen naar Casa Conte heeft gebeld. Ze zegt dat ze toevallig vanuit haar woonplaats Busca langsreed om in Dronero brood te gaan kopen. Ik wil haar geloven.

Een kwartier later voel ik drie trillingen in het rechterrugzakje van mijn wielershirt. Ik pak de mobiele telefoon en lees: '*Pleased to have met you! Have a nice trip! Maura Dogliani – Busca.*' Ik antwoord niet.

Lees ook andere sms-berichten die ongemerkt zijn binnengekomen. De mooiste is: '*Het jongetje trekt met zijn knapzakje op zijn rode nieuwe fiets de wereld in.*'

Ook mooi: '*Zet 'm op je hoogste triple en vlieg naar de horizon.*'

Andere berichten die werken als mobiele doping:
'Je bent nooit alleen Dirk, wel eenzaam, we leven met je mee.'
'Courage! Veel succes en moed!'
'Hombre, we drinken Ponche Caballero op jou en je fiets.'
'Heel veel succes. Zijn de passen al open? Doe voorzichtig, houd Cucchietti en Roeleven heel.'
'Forza, je ken ut!'

Omdat zware jongens als de Colle di Sampeyre door sneeuw versperd zijn, heb ik een relatief makkelijk eerste dagje. Ben nu kalm op weg naar Bricherasio, waar ik via internet een kamer bij een agriturismo heb geboekt.

Aan de rand van de Povlakte zoeft een fietser voorbij op een gracieuze Pinarello. Hij groet me door even zijn hand van het stuur te halen. Geschoren benen in het vet. Strakke kuitspieren verraden een levenslange passie. Bij een afslag geeft hij een lesje 'Fietsen in Italië voor Beginners'. Hij gaat rechtop zitten, kijkt rustig over de linkerschouder naar de verkeerssituatie achter hem, geeft vervolgens overdreven duidelijk aan dat hij naar links wil afslaan en stuurt zijn fiets rustig de zijweg in. Zo doe je dat hier dus. Stijlvol.

Al bij het eerste minuscule klimmetje, word ik voorbijgetuft door een dikke dame op een Vespa. Ze heeft een rieten mandje achterop met versgeplukte alpenbloemen. Ik kraak aan alle kanten. Veel te veel gewicht dat bovendien niet lekker is verdeeld.

De zon schijnt fel en er is nauwelijks wind. Het is heet, zeker met die rugzak om. Ik heb nooit eerder zo gefietst, maar uit respect voor de rossonero van Cucchietti heb ik besloten geen tasjes aan het frame te bevestigen. Al met al schat ik dat hier 100 kilo vrije materie van Zuidoost- naar Noordwest-Europa trekt.

Dikke Dirk.

Ik zie de lachende gezichten van de Cucchietti-veteranen weer voor me toen ze me deze week in de werkplaats vergeleken met de zware Duitse coureur Jan Ullrich.

Ik moet wennen aan de gedachte dat ik vanaf nu twee weken volledig op mezelf ben aangewezen. Mijn lichtneurotische geest begint uit zichzelf afspraken te maken en regels te stellen.

Regel 1: Nooit eerder pauzeren voor koffie of lunch dan na minstens twee uur fietsen.

Regel 2: Niet te veel alcohol drinken.

Regel 3: Acht uur slapen per nacht.

Regel 4: Niet roken.

Regel 5: Niet telefoneren, wel sms'en.

In de verte rijdt een crèmewitte tractor met een lading gekapt hout. Ik besluit even aan te zetten om te kijken of het een trekker is van mijn favoriete merk. Diep in de beugels, op het grote blad. Als ik achter de kar met hout rijd, heb ik de neiging om net als vroeger in Zoeterwoude-Dorp mijn hand op het stalen hekwerk te leggen en me te laten meesleuren. Maar ik doe het niet. Man van vijfenveertig is geen jongetje van acht meer. Ik versnel op een recht stuk, rijd naast de witte tractor, haal hem in en juich vanbinnen. Het is zo'n beauty van Lamborghini. De mooiste tractor ter wereld.

Al in het eerste het beste pittoreske dorpje wil ik stoppen. Venasca. Ik herken de plaats omdat ik er twaalf jaar geleden met de fietsjongens heb geluncht. Aan een pleintje, tegenover een dorpsbenzinepomp van Agip, een kerkje en een groenteboer. Ik rijd door. Regel 1.

De eerste serieuze Piemontese klim heeft een naam, dat is prettig. Een naamloze klim waar je bijna niet tegenop komt, geeft je het gevoel een prutser te zijn. Deze heeft bovendien een mooie naam: Colle di Brondello. Niet hoog (770 meter), maar wel lastig. Vooral omdat mijn bepakking te zwaar en te log is. Ik voel me alsof ik met een bochel rijd. Zo kom ik nooit in een vast ritme.

Moeizaam omhoogfietsend zoek ik vertrouwen in de trainingstocht van eergisteren. Naar 2284 meter, ruim zes uur op de nieuwe fiets. De standaard waaraan tijdens deze trip andere bergen zullen worden afgemeten. Zoals de zware beklimming van de Mont Ventoux (21 kilometer in iets meer dan twee uur) helpt de moeilijke momenten op andere extreme cols (Galibier, Madeleine, Vršič, Stelvio, Tourmalet) te doorstaan. Het feit dat je iets dergelijks al eens eerder met succes hebt volbracht kalmeert de geest en sterkt de spieren.

De Cucchietti doet het perfect. Ik kijk omlaag naar de schittering van de fiets in de zon. Bewonder de fraaie vormgeving van de Campagnoloremmetjes en de manier waarop de stuurkabels zijn weggewerkt.

Tijdens de elegante afdaling van de Brondello voel ik de warme wind en de gewonnen vrijheid. Ik denk aan mijn geliefde. Juist op dat moment steekt vlak voor me een witte duif de weg over. Te mooi toeval. Ik knijp in mijn remmen en stop in een bocht voor een wit kapelletje met een beeld van Madonna delle Grazie. Stuur een bericht: 'Sta bij Madonna delle Grazie. Dacht aan jou en toen vloog een witte duif op... Bagage zwaar... Heb spullen achtergelaten, maar dan nog te veel gewicht.'

Op dat moment rinkelt de mobiele telefoon. Hilversum aan de lijn. Of ik het privénummer heb van Louis van Gaal. Ik geef het niet, maar help ze wel op weg. Vertel opgetogen dat ik hier met mijn nieuwe fiets in de berm van een Italiaans weggetje sta. En dat ik onderweg ben naar Nederland. Verwacht gedeeld enthousiasme, maar krijg een jaloerse reactie.

Jaloezie op de vrijheid? Jaloezie op het feit dat iemand een jongensdroom laat uitkomen? Zelf heb ik geen last van materiële jaloezie. Wel van emotionele. Zoals bij mannen van mijn leeftijd die nog gezellig met hun vader naar het voetballen gaan.

Herinneringen wellen op, als ik denk aan 10 maart 1971, de dag dat in het Olympisch Stadion in Amsterdam de Schotse kampioen Celtic op bezoek komt.

Het is koud en donker rond de betonnen pisbak aan het Stadionplein. Ik ben negen jaar oud en bang. Dronken Schotten zingen en lallen met flessen Johnny Walker in de hand. Wat ze zingen weet ik niet meer, maar het leidt niet tot botsingen met de Ajax-supporters, die bier drinken en hand in hand met de Schotse fans een voetbalfeest vieren.

Mijn vader mengt zich in die meute om voor zichzelf een Amstel en voor mij iets fris te kopen. Ik loop achter hem aan door het gedrang, maar ben doodsbang hem kwijt te raken in die dronken mensenzee. Houd de panden van zijn jas stevig vast en laat pas los als we de trappen van de tribune op gaan.

Eenmaal gezeten op de houten tribune schuin achter het doel zien we Cruijff, Hulshoff en Keizer scoren: 3-0. Ajax naar de halve finale van de Europacup. Drie keer de innige omhelzing met mijn vader op een kolkende tribune vol springende mannen. Een korte, hevige beklemming, in zijn armen, mijn kin niet hoger dan zijn borst, springen zonder de grond los te laten, een arm in de lucht. De vader, de zoon, het juichende stadion.

De diepe relatie tussen mijn vader en mij is gebaseerd op de heen- en terugweg naar het voetbalstadion. Twee keer drie kwartier, de lengte van een voetbalwedstrijd, duren de gesprekken in de auto. Over thuis, de spanningen, de manier waarop te leven en hoe mensen in elkaar zitten. In die tweewekelijks rijdende zondagsschool leer ik dat je moet houden van het leven en dat levensgeluk in kleine, simpele dingen zit. Maar vooral: niet bang zijn.

Om een en ander in perspectief te kunnen zien moet ik vertellen dat wij op 45 kilometer van Amsterdam wonen, nabij Leiden. In een dorp van nog geen vierduizend inwoners.

De familie Roeleven bezit al sinds 1893 een kruidenierswinkel met café aan 't Watertje, een pittoresk straatje langs een sloot. In Café Roeleven drinken 's zondags na de kerk de mannen jonge en oude klare en klitten de vrouwen bij elkaar aan een tafeltje om daar smakeloze Belinda-sigaretten te paffen en advocaat met slagroom, bessenjenever of een citroenbrandewijn met suiker te consumeren. Verder wordt in Café Roeleven eens per jaar heel officieel de Zoeterwoudse boerenkaas gekeurd door mannen in witte jassen. En vergadert het bestuur van voetbalvereniging Sint Jan Zoeterwoude (sjz) er wekelijks.

Mijn vader verbouwt in 1970 de boel ingrijpend en heft het café op omdat hij dagelijks tot sluitingstijd achter de toog staat te wachten tot drie, hooguit vier, vaste klanten met een klap hun laatste glas leeg op de bar smakken. Dan moeizaam van de barkruk klimmen en bij het vertrek zeggen: 'Theo, schrijf je het effe op.'

Die verbouwing herinner ik me goed. Vrolijke werkmannen over de vloer, hardop meezingend met Boudewijn de Groot. Om vier uur 's middags zet mijn vader een kratje bier op de werkvloer en dan zit het erop voor die dag. Kleine Dirk gaat erbij zitten en kijkt zich de ogen uit. Stoer volk dat rookt, schuine moppen tapt en af en toe op de grond spuugt.

Het café wordt woonhuis, het woonhuis wordt iets wat toen nieuw was en 'zelfbedieningszaak' heet. Theo Roeleven sluit zich aan bij de gezamenlijke inkooporganisatie van De Spar. Ik dacht toen dat dit bedrijf genoemd was naar een boom, maar leer al snel de mantra: Door Eendrachtig Samenwerken Profiteren Allen Regelmatig.

De verbouwing duurt maanden. We bivakkeren met het gezin (vier kinderen) in een klein kamertje bij de overburen. Kleine behuizing, hoge schuldenlast. Want 'rente & aflossingen' moeten maandelijks worden betaald. Nog harder werken is het gevolg. De twee dochters worden bij het eerste signaal dat ze het bij de nonnen van huishoudschool Duinzicht niet naar de zin hebben, van school gehaald en in de zaak aan het werk gezet. Veertien jaar oud. Middenstandsmoraal in een plattelandsdorp in het westen van Nederland, begin jaren zeventig.

Daar aan 't Watertje stond mijn wieg en daar heb ik mijn vader, op de middag van zijn dood, een uur na sluitingstijd, vastgebonden op een brancard, door twee ziekenbroeders weggedragen zien worden.

Moeizaam de houten wenteltrap af, de verlaten winkel door, behendig manoeuvrerend langs 'mijn' zeephoek, de bocht om bij de koelvitrines met yoghurt, melk en *mousse au chocolat*. Vervolgens via de blikken soep en pakjes bouillon naar de kassa, waar de winkelbel klinkt als teken dat de zware houten voordeur opengaat. Onder het toeziend oog van achter de gordijnen glurende overburen en de toegestroomde dorpsjeugd glijdt Theodorus Petrus Johannes Roeleven, drieënvijftig jaar oud, op zaterdag 23 april 1977, om zes uur 's middags de gereedstaande ambulance in.

Ik zeg: 'Dag pap.'

Drie uur later gaat de telefoon. 'Willen jullie onmiddellijk naar het ziekenhuis komen, de toestand van meneer Roeleven verslechtert snel.'

We haasten ons naar Leiderdorp. Op een gang van de derde verdieping zit een gebroken man in een rolstoel. Lijkwit en broodmager. Hij heeft zojuist weer een onderzoek ondergaan. Hij huilt. Het is afgelopen.

Dan begint het wachten op de dood.

Om half elf worden we aan zijn sterfbed ontboden. 'U kunt nu afscheid nemen,' zegt de nachtzuster droog. In het éénpersoonskamertje staat een hartmonitor en er hangt een infuus. Boven de deur zie ik een klok. Ik verdeel mijn aandacht tussen de grote wijzers van de klok en de grafiek van het hartritme.

We scharen ons om het bed. Mijn vader is niet bij kennis. Hij ligt op zijn linkerzij, traag en zwaar ademend. Mijn moeder zit naast hem aan het hoofdeinde van het bed. Ze streelt zijn hand. Mijn jongste zus zit aan de andere kant en strijkt hem over zijn rug. Mijn oudste zus zit naast mijn moeder. Ook zij houdt zijn hand vast. Mijn zwager is er ook. Mijn jongste broertje ontbreekt. Ik sta bij het voeteneinde en hou me vast aan de koele stalen stang van het bed.

Ik zie het aan en zweet. Voel me brak, misselijk en machteloos. Ik zie op de monitor dat zijn hart stopt. Slapend gaat mijn vader heen. Geen afscheidswoorden, geen laatste grap. Op de klok is het twee minuten voor elf.

Als iedereen afscheid heeft genomen, blijf ik alleen achter. Ik ben ontroostbaar en wil niet bij mijn vader vandaan. Als ik hem vaarwel heb gekust, sluip ik de belendende ruimte in om ook daar alleen te zijn. Ik zou er moeten kalmeren, maar ik wil alles slopen wat ik zie.

De nachtzuster komt naar me toe en leidt me langzaam de gang op. Ik val mijn zwager in de armen en huil me leeg.

De route gaat vrij vlak verder. Ik passeer een bruggetje over de kabbelende rivier Po die hier vlakbij ontspringt op de berg Monviso. Ik stop op de lage brug om te plassen in de Po en om wat fotootjes te maken. Dat is toch wel opmerkelijk aan alleen reizen. Omdat ik niemand heb om mijn indrukken mee te delen, ga ik foto's maken en sms-berichten sturen. En 's avonds alleen aan tafel met mijn dagboekje. De banden van de stem slijten dezer dagen minder dan die van de fiets.

De via internet geboekte agriturismo in Bricherasio blijkt moeilijk te vinden. Ik bel naar Cascina Timoteo en krijg eigenaar Andrea Nota aan de lijn. Hij spreekt geen Engels en mijn Italiaans is ondanks een korte en vermakelijke vakantiecursus niet toereikend om per telefoon de weg te vinden. Het enige dat ik begrijp is dat het dorpje waar ik heen moet geen Bricherasio heet, maar Lusernetta.

De agriturismo blijkt ergens achteraf aan een landweggetje te liggen. Ik moet onder een hek door en daarna gaat het asfalt zo steil omhoog dat het zelfs op het kleinste tandwiel niet lukt om te blijven trappen. Ik trek het voorwiel los van de weg en val om.

Net op tijd trek ik de schoenen los van de pedalen, wandel het terrein op en kom bij een verlaten huisje. Bel aan. Geen reactie. Aan het einde van de steile weg staat een oud huis met een Fiat Panda voor de deur. Iemand komt naar buiten lopen en schreeuwt dat ik moet blijven staan. Een jongen springt in de Fiat en rijdt naar beneden. Hij stopt met veel kabaal voor de deur. Stelt zich voor als Matteo en begint te graaien in een pot met sleutels. Ik krijg kamer 13.

'Ik heb liever kamer 14,' zeg ik op beleefde toon.

'Mij best, alles staat toch leeg. Het is nog vroeg in het seizoen, je bent de enige die hier vannacht slaapt,' zegt hij terwijl hij de kamerdeur opent.

Ik zie messing deurknoppen, glanzende douches, grote spiegels, rode pluchen gordijnen. Het voelt als een tent waar menig slippertje wordt gemaakt. 'Mag mijn nieuwe fiets vannacht bij mij in de kamer staan,' vraag ik Matteo. Hij denkt na en zegt: 'Ach, waarom ook niet. Hij is toch schoon?'

Hoewel er maar 77 kilometer op de dagteller staat, ben ik erg moe. Beetje chagrijnig ook. Dit luxueuze, verafgelegen oord zit op een dikke tien minuten gaans van het dorpje. Ik heb geen lantaarn bij me en ik heb vooral geen zin om weer op de fiets te stappen. Besluit hier te eten en vroeg naar bed te gaan. Morgen bijtijds weg en dan flink doortrappen. Er staat tenslotte een serieuze col op het programma.

Die avond merk ik dat ik al sociaal onaangepast begin te raken door het alleen reizen. Ga op kousenvoeten de vrij chique eetzaal in. Nestel me aan een tafeltje met de rug naar de andere bezoekers. Leg telefoon, notitieboekje en pen op een vensterbank en bestel het menu van de dag. Vervolgens een karafje rode wijn en water. Merk dat het stelletje in mijn rug geen tekst heeft. Zwijgend zitten ze aan tafel. Een andere tafel blinkt ook niet uit in uitbundigheid. Twee koppels die er goedgekleed uitzien. Dure merktassen voor de dames. Strak gesneden kostuums voor de heren. Toch kijken ze ongelukkig. De wet van omgekeerde tevredenheid.

Ik leg mijn boekje weg en stuur Maria Teresa een bericht dat ik goed ben aangekomen op de eerste plaats van bestemming. Ze antwoordt: '*Ciao Dirk Jan! I am very happy to know from you good news! Pedala pedala! I big abbraccio! Forza campione!*'

Ik schrijf in mijn boekje: 'Het valt me op dat ik redelijk relaxed ben sinds het vertrek uit Nederland. In Dronero rustig geleefd. Beetje bij de fietsenbouwer hangen, geen paniek of zo. Nu ook nog niks aan de hand. Straks lekker in bed Tommy Wieringa lezen, in slaap vallen, wakker worden en opstappen. Simpel levensgeluk. '*The Passenger, he rides and he rides…*'

Krijg nog een sms-bericht binnen, van zo'n echte fietser met geschoren benen: '*Ben je nou nog niet over de Alpen? Dat deed Hannibal sneller op olifanten van 1000 kilo. Proost en ga maar lekker vroeg in je mandje.*'

Hoofdstuk 6

Lusernetta – Víu, 87 km

Waarin regel 1 wordt overtreden, regel 3 en regel 5 worden gerespecteerd en een hartslag hoorbaar is op geluidsopnamen tijdens de beklimming van de Colle del Lys.

Als ik mijn ogen open schrik ik van het knalrode gordijn en de ordinaire messing deurknoppen. Tegen de grote spiegel naast mijn bed, pal onder het kastje van de satellietontvanger, staat mijn nieuwe fiets.

Op mijn telefoon zie ik dat het kwart over acht is. Negen uur geslapen. Ik blijf liggen, pak de landkaart van het nachtkastje en bekijk wat me vandaag te wachten staat. Het doel is Lanzo Torinese, meer dan 100 kilometer verderop. Onderweg een echte col, veel bossen en een groene Michelin-aanduiding die volgens de legenda 'percorso pittoresco' betekent. Kom langs Pinerolo, een stadje dat ik nog ken van de tocht uit 1994 voordat ik met de fietsjongens voor hulp bij de heer Cucchietti zou belanden.

Al met al een dag om naar uit te kijken. Maar eerst iets aan het overgewicht doen. Ik sta op en leg alle bagage op het opengeslagen bed. Scheur pagina 87 tot en met 104 uit Tommy Wieringa en leg het op tafel. Mooie hoofdstukken over Ethiopië en Cambodja.

Wieringa verbaast zich over de lichtheid waarmee brommerrijders hem schreeuwend aanbieden om hem naar de Killing Fields te brengen. Hij vergelijkt het met Auschwitz, waar hij zich niet kan voorstellen dat een klanten zoekende taxichauffeur schreeuwt *'Zum Konzentrationslager?'*

Wieringa vervolgt: *'Misschien schuilt de verklaring van die lichtheid deels in het boeddhisme. Daarin wordt een mensenleven als één van de vele manifestaties van het Rad van Wedergeboorte beschouwd, van gehecht lijden in samsara net zolang tot de verlichting, het nirvana wordt bereikt. In het werelddeel waar ik vandaan kom, rouwen we om een dode als een eenmalig, onherhaalbaar leven.'*

Het zijn deze zinnen die ik graag meeneem op de fiets. Tijdens het trappen even laten bezinken, 'een eenmalig, onherhaalbaar leven'.

Ik ga verder met de strenge selectie van de bagage. Ik durf de eigenaar van deze agriturismo wel te vragen om een kleinigheid achter te laten, maar ik besef dat dit de laatste kans is. Het kettingslot dat ik in Dronero heb gekocht, blijft hier. Weegt te veel. De kaart van Michelin moet mee, maar het karton scheur ik af.

De kaarten van de provincie Cuneo en van Valle d'Aosta laat ik hier achter. Ook het zware setje inbussleutels laat ik achter. Ik vertrouw erop dat Cucchietti senior de fiets voor de komende anderhalf duizend kilometer goed genoeg heeft geprepareerd. En er zijn onderweg altijd fietsenmakers.

Dan komen de lastige, hygiënische keuzes. Een schone reservewielerbroek blijft achter. Een extra wielershirt, een extra T-shirt, de vitaminepillen en de Haagse hopjes blijven hier. Het zware *Wij waren allemaal goden* van Benjo Maso neem ik mee.

Als ik na het karige ontbijt in een koud, verlaten eetzaaltje mijn gele See, Buy, Fly-plastic tas met naar schatting een kilo spullen achterlaat en de rekening vraag aan *speedy* Matteo, pakt hij uit de lade onder de bar een digitale fotocamera. 'Mag ik een foto maken van uw fiets,' vraagt hij. 'Voor op de website.' Ik poseer een tikkeltje ongeduldig, want ik wil weg.

Bij het afrekenen zegt Matteo: '20 euro. U hoeft alleen het diner te betalen. De overnachting in kamer 14 is op kosten van *signore* Nota.' Ik waan me wederom een pelgrim.

Frisgewassen stuur ik de uitgeruste Cucchietti door de wijnvelden naar Bibbiana, het dichtstbijzijnde dorpje. De minder volle rugzak zit nu als gegoten. Perfect in balans met de rest van de combinatie.

Het is markt in Bibbiana. Ik loop in de wielerkleding van Bici Cucchietti tussen de kramen door. Fiets in de hand. De *carabiniere* ziet het goedkeurend aan. Ik passeer kleurige jurkjes, tafellakens, enorme beha's, goedkoop gereedschap, verse bloemen, vis, kaas, vlees en cd's met Italiaanse volkszangers. Prettige gedachte dat ik vanwege gebrek aan laadruimte niks kan kopen, zelfs al zou ik het willen. Ik koop een paar ansichtkaarten met Italiaanse boerenreceptuur en stuur die op het postkantoor naar bevriende smulpapen in Nederland.

Als ik bij de groentekraam twee bananen en een appel koop voor onderweg, krijg ik een idee. Ik neem mijn rugzak in de armen, laat hem aan de groenteboer zien en knik naar de flinke weegschaal achter de uitgestalde waar. Met mijn armen maak ik het internationale gebaar dat 'wegen' uitdrukt.

Hij snapt het en zet de rugzak op de weegschaal, laat de wijzer tot rust komen en zegt: *'Cinque kilo quattrocento cinquanta grammi.'* 5450 gram. Dat is dus alles. Als ik dat verdomde boek van Benjo Maso had thuisgelaten, was ik met 5 kilo schoon aan de haak klaar geweest, inclusief rugzak. Ik bedank de groenteman en fiets weg, noordwaarts. Als ik zelf 86 kilo weeg, de fiets 9 en de rugzak 5, bedraagt het gewicht van de hele combinatie exact 100 kilo.

De route naar Pinerolo is niet fijn. Een drukke weg met veel verkeer. Zodra ik de B-weg neem die via San Secondo di Pinerolo naar het stadje voert, ben ik van de drukte verlost. Ik kom op een mooi stil landweggetje tussen bomen en akkergrond. Ik rijd de stad binnen op maandagmorgen. Alles is dicht. Ik herken de straten van twaalf jaar geleden toen we hier door materiaalpech gedwongen hebben geslapen. In de ongeplaveide beklimming van de helse Colle delle Finestre was mijn zadelpen afgebroken en hier in Pinerolo was de dichtstbijzijnde fietsenmaker. Ik rijd langs het hotel waar we toen sliepen en herinner me de kleine, kale eigenaar die ons trots een gesigneerde foto aan de muur liet zien. Fausto Coppi had in zijn hotel geslapen.

Ik krijg het niet over mijn hart om dit stadje zomaar uit te fietsen. Je bent sentimentalista, of je bent het niet. Besef terdege dat ik hiermee regel 1 overtreed: Gij zult niet stoppen voor koffie of lunch binnen twee uur na vertrek.

Ik geniet van de overtreding. Drink koffie op het terras

van bar El Barüciu, aan de Piazza Cavour. Een klein tentje waar ik mijn rossonero bij gebrek aan een slot binnen handbereik tegen een plantenbak zet. Er loopt een moeder met wandelwagen voorbij. Het kind wijst en roept: 'Bici...'

Een bejaarde man met wandelstok houdt halt bij mijn fiets, buigt zich voorover en neemt zeker een minuut de tijd om hem te bekijken. Kent hij Cucchietti? Is hij zelf een oud-coureur? Mecanicien? Liefhebber? Of is hij gewoon seniel?

Ik kijk zwijgend toe en ben trots als een jonge vader op zijn pasgeborene. Bestel cappuccino en *torta della casa*. Overdenk het hier beleefde fietsverleden en laat mijn fietsvrienden per sms weten dat ik in Pinerolo zit.

Een wielerkenner stuurt: '*Lees Buzzati erop na. Giro van 1949. Finish in Pinerolo. Hector gedood door Achilles. Bartali definitief verslagen door Coppi. Heldenepos.*'

Ik ken het stuk. Schrijver Dino Buzzati volgt dat jaar voor het dagblad *Corriere della Sera* de Giro d'Italia en beschrijft in de nacht van 10 juni 1949 wat zich eerder die dag tussen Cuneo en Pinerolo heeft afgespeeld.

Gino Bartali bereikte het stadion van Pinerolo op twaalf minuten van etappewinnaar Coppi. Hij verliest die dag niet alleen de Giro, hij verliest ook de jarenlange tweestrijd met zijn rivaal Fausto Coppi. Een vete die Italië in twee fanatieke kampen had verdeeld. De strenge katholiek Bartali versus bon vivant Coppi.

Met veel bombast schrijft Buzzati in de *Corriere*: 'Deze mensverslindende etappe begon in een sombere vallei, met regen, bewolking, laaghangende mist, ontbering en depressie. Tot aan Pinerolo zullen we maar twee renners zien: de vluchteling en de achtervolger, de twee grootste helden die elkaar verbeten de heerschappij betwisten. Bartali trapte en trapte alsof hem iets verschrikkelijks op de hielen zat en of hij wist dat alle hoop verloren was als hij zich liet grijpen. De tijd, niets anders dan de onontkoombare tijd zat hem op de hielen. En het was een belevenis om die eenzame man te zien in die woeste kloof, hopeloos vechtend tegen de jaren. Vandaag, voor de eerste keer, een verslagen Bartali. En dat is triest, ook omdat het een directe verwijzing is naar ons aller lot.'

Het is geen feest om over de drukke s589 richting Turijn te fietsen. Het beste wat ik kan doen is hard trappen. Taartje verbranden en even de spieren laten weten dat het menens is vandaag. Na 11 kilometer stampen is er de afslag naar links, naar Cumiana. Lekker vlakke, stille weg. Ik neem gas terug. In het kleine dorpje met een mooi oud marktgebouw zoek ik een openbaar toilet, maar dat is op slot. Met samengeknepen billen wandel ik naar café Principe en bestel aan de bar een coca-cola om zodoende als klant gebruik te mogen maken van de wc. Vraag op het terras aan een stug rokende man of hij even op mijn fiets wil letten. 'Buona pedalata,' zegt hij. Geen idee wat het betekent. 'Mooie fiets,' hoop ik.

Binnen blijkt het toilet tussen de lege kratten te zijn verstopt en niet op slot te kunnen. Bovendien is het zo'n hang-wc die ik alleen uit Franse kroegen ken. Ik bedenk dat het mijn enige wielerbroek is en dat ik vandaag nog zo'n 75 kilometer wil trappen. Ik besluit alles uit te trekken. Ik reinig met veel waswater, stap opgelucht weer het terras op en ga zitten waar mijn cola staat.

De rokende man is weg. Mijn fiets staat er nog.

Vol nieuwe energie trap ik de steile klim op die meteen in dit dorpje begint. Door het bos, slingerend en mooi. Op de top is een klooster. Stap even af voor een foto en een herstelwandelingetje zonder rugzak. Na de afdaling kruis ik de grote snelweg die Turijn via de Fréjustunnel met Frankrijk verbindt. Het is tijdens lunchtijd erg stil op de wegen. Aan de rand van Almese is een enorme, verlaten parkeerplaats van een modern winkelcentrum. Ik trakteer mezelf daar op een middagmaal van Liga-koeken, energiedrank en banaan. De vuilcontainers zijn ruikbaar op enige tientallen meters afstand. Een rat loopt te scharrelen. Het is heet. Voel me alleen, smerig en verlaten. Wil naar huis bellen, maar doe het niet. Regel 5.

Alsof het helpt tegen de misère pak ik de landkaart uit de rugzak. Zoek naar het plaatsje Almese. De beklimming van de Colle del Lys begint hier. Van ongeveer 300 meter hoogte naar de pas op 1311. En dat in een kilometer of 12.

Na een loodrechte kilometer in een buitenwijk van het stadje stop ik in de berm en hang mezelf bij wijze van cyclistisch experiment een lichtgewicht *digital voice recorder* om de hals. Ik wil met het apparaatje mijn gedachten proberen te vangen die tijdens een beklimming ontstaan. Onderweg hoort en ziet een argeloze voorbijganger een man op een racefiets die in zichzelf zit te praten:

... fiets 9 km per uur ... heb vanmorgen zeker anderhalve kilo bagage achtergelaten, maar verscheur boeken, wat ik nog nooit van mijn leven heb gedaan ... trap trippeltje voor ... achter nog twee tandjes over ... flinke pijn in mijn kont nu ... veel te weinig gefietst in Nederland ... hooguit

150 kilometer ... dat ik ga staan ... dat is toch geen goed teken ...

... concentreren Dirk ... even je bek houden ... over 2 kilometer mag je weer een slokje water nemen en een slokje honingdrank ... dit is lekker ... even in het bos uitbollen ... staan op de pedalen ... benen rekken ... God, dat zou fijn zijn als het zo bleef ... dat wordt weer geen disco vanavond ... half elf onder de wol met Tommy Wieringa ... snel lezen en uitscheuren ... die bagage gaat nu echt werken op m'n rug ... begint te trekken aan m'n nek ... handen op de Cucchietti-stand ... ontspan ... verstand op nul ... Dirk kom op ... Fuck! Hongerklop ... nee toch ... wat heb ik gegeten ... thee, stuk taart, koffie, cola, ontbijt ... licht ... denken ... ik trek de trappers met mijn knie omhoog ... slinger over het wegdek ... wat moet dat worden met die col van de Gran San Bernardo ... trek ik dat in een dag ... pijn in mijn onderrug ... godverdomme!... pijn in mijn kont ... volgens mijn berekeningen had de col hier al moeten zijn ... mijn handschoenen ruiken naar kaas ... van het stinkende zweet denk ik ... vanavond even wassen ... gadverdamme ... tjessus wat een end ... het houdt maar niet op ... mijn grote vrienden, de vliegen, zijn er nu ook ... ze komen zeker op de kaaslucht van die handschoenen af ... hoe laat is het dan ... bijna vijf uur al man ... om zes uur stop ik, waar ik ook ben ... *Colle!* ... de col komt eraan ... niet te geloven ... nog 200 meter ... voel mijn lies ... pfffffff ... en nou maar hopen dat er een bordje staat met de naam van de col ...

... hèhè, Dikke Dirk is boven ...(zet de digitale voice-recorder uit, einde cyclistisch experiment)

Ondanks de lage temperaturen ligt op de col een stelletje te vrijen in een alpenwei. In de mist, op een dekentje. Ik stop, doe een plas, vul mijn bidon, trek mijn rode windjasje aan, halsdoek om, zonnebril op tegen de wind, rugzak goed vast, helm weer op, bandjes gecontroleerd, remmen gecheckt. Klaar voor de afdaling.

Enkele minuten later raas ik met dik 60 kilometer per uur de warmte van het dal tegemoet.

16 kilometer verder ruik ik de geur van verbrand hout. Een bergdorpje kondigt zich aan. Het heet Víu. Ik rijd er langzaam binnen, check op de kaart de route naar de volgende bestemming, Lanzo Torinese, 16 kilometer verderop. Het is half zes, volgens mijn planning zou ik nog doorrijden, maar mijn intuïtie, maag en benen zeggen dat ik hier moet blijven.

Ik vind het welletjes. Uit Italië naar huis fietsen is leuk, maar je moet het niet overdrijven. En ik heb geen haast toch? Niemand wacht op me.

Peddel twee keer rustig de kronkelende dorpsstraat op en neer en kijk of ik ergens verwijzingen zie naar een slaapplaats. Twee hotels en een osteria met *camere con vista panoramico*. Als ik íéts zoek, is het dat. *A room with a view in Víu.*

In de achterafgelegen Viale Rimembranza ligt naast de EHBO de Osteria dello Stambecco. Ik loop omzichtig de verlaten zaak door, kijk achter de bar, loop uiteindelijk de lege keuken in en roep: 'Volk?'

Eigenaar Luca Guglielmino is niet te vinden. Achter een muur van koelkasten die de keuken in tweeën deelt staat een jongeman die verrast lijkt door de komst van een gast. Het is de zoon van Luca.

Kan ik hier slapen?
– Welzeker!
En eten?
– Uiteraard!

Mag de fiets binnen staan? Hij is net nieuw, namelijk.
– Ja ja, maakt u zich geen zorgen. Ik zet hem beneden in de gang, daar komt echt niemand aan.

Ik geef mijn paspoort en bestel een fles bier met een zakje chips. Ook hier ben ik de enige gast.

Kamer 4 heeft een panorama tot diep in het dal. Ik zet de fles bier op de houten rand van het balkon. Ga op het tweepersoonsbed liggen en fotografeer dit prachtige uitzicht.

De oude kranen van het gietijzeren ligbad brengen een harde straal schoon, warm water in beweging. Met moeite scheur ik met mijn natte vingers de plastic zakjes open met badschuim erin.

Daarna pak ik de rugzak uit en was in het bidet mijn bezwete onderhemd, sokken, halsdoek, wielershirt en naar kaas stinkende handschoenen. Tussen nu en morgenochtend acht uur hoef ik alleen nog maar te baden, te eten, te drinken, te lezen, te schrijven, een avondwandeling te maken en vroeg naar bed te gaan.

Leve het overzichtelijke bestaan.

Ik scheer me met het schuim van het hotel, masseer de voeten en de kuiten met balsem en ga vroeg aan tafel. Het poloshirt aan van Bici Cucchietti, de zwarte lichte broek, geen schoenen, maar wel dikke sokken. De eetzaal is zonder gasten, maar vol prullaria. De muziek staat zacht, ik zet de versterker op het dressoir harder. Ik doe het raam open en laat de frisse berglucht en het avondlijke gekwetter van de vogels binnen.

Ik heb trek, krijg ongevraagd een karaf rode wijn en water op tafel. Dan worden in hoog tempo de gerechten opgediend. Luca lacht als hij zijn enige gast ziet genieten. Ik noteer wat, neem een slok wijn, stukje brood, hapje van de *ragù* met bospaddenstoelen en staar in de diepte van het dal. Ik denk aan de nieuwe fiets die beneden staat bij te komen van vandaag.

De laatste restjes *ragù* schraap ik met wit brood bij elkaar. Het brandschone bord leidt tot een goedkeurende reactie van de eigenaar. Blijkbaar heeft het gesmaakt. '*Scarpetta*', heet in Italië dat schoonvegen van het bord.

Hij brengt de volgende gang. Rood vlees. Ik hoor om me heen een kakofonie van geluid. Vogels, blaffende honden, een generator buiten, MTV in de keuken, radio 102.5 FM in de eetzaal en RAI Uno in de bar.

Ik schrijf: '*Luca vraagt waar ik morgen heen ga. Ik zeg: Amsterdam. Hij lacht. Gelooft me niet.*'

Hoofdstuk 7

Víu – Settimo Vittone, 91 km

Waarin een huilend zigeunermeisje ons pad kruist en de Twin Towers nog vrolijk rechtop staan op Manhattan.

De zon schijnt met moeite kamer 4 binnen. Ik heb tien uur geslapen en beëindig de onenightstand met stijve kuiten, een hoofd vol watten en een barstende blaas. Naast me in het tweepersoonsbed ligt Michelinkaart 428 wijd opengesperd. Daaronder mijn wielerhelm en een verdwaalde fietspomp. Restanten van een wielererotische nacht?

Grijnzend denk ik terug aan die keer dat ik voor een tweede ivf-poging sperma moest geven in het Onze Lieve Vrouwe Gasthuis en zonder slot op mijn racefiets bij de kliniek aankwam. De fiets mocht van de portier niet mee naar binnen. Ook even stallen ('ben zo klaar...') achter de balie was niet bespreekbaar.

Ik verstopte de fiets buiten het gebouw achter een vuilniscontainer en nam het voorwiel, de pomp en het zadeltasje mee naar binnen. De dienstdoende verpleegster moest lachen: 'Ik heb mannen met de gekste dingen binnen zien komen, maar dit is de eerste keer dat iemand een fietswiel en een pomp meeneemt om opgewonden te raken.'

Mijn eerste zorg in Víu is de wielerwas van gisteren. Ik glijd uit bed naar de badkamer en controleer de vochtigheidsgraad. Zweethemdje beetje klam, sokken en halsdoek ook, Bici Cucchietti-wielershirt kurkdroog. Ik neem de vochtige spullen mee naar buiten en hang ze in het prille zonlicht over de balustrade van het balkon.

Ik loop naar de eetzaal voor een Italiaans ontbijt. Op tafel liggen kuipjes jam, chocoladepasta en boter op een rijtje gerangschikt. Daarnaast biscuit in plastic verpakking en een bordje met een gele papieren servet. De waard brengt cappuccino met *mezzaluna*.

Ik lees verder in Tommy Wieringa. Hij schrijft: '*De wereld moet langzaam en op de tast veroverd worden. De homo sapiens is gebaat bij tegenstand, de hoeveelheid tegenstand die hij overwint bepaalt het genot dat hij uiteindelijk aan een gebeurtenis beleeft. Moeilijkheden geven zijn leven zin.*'

Het ligt voor de hand deze tekst te omarmen als je bezig bent om elke dag op een racefiets te klimmen, uit vrije wil een fysiek probleem van enige honderden hoogtemeters te creëren, dat op te lossen en met een trots gevoel van overwonnen tegenslag weer af te dalen naar een maaltijd, een glas en een bed. Om een dag later weer hetzelfde te gaan doen.

Ik denk aan Lucia Rijker, de wereldkampioene kickboksen, die heeft gezegd dat alle opofferingen voor haar carrière uiteindelijk het hedendaagse genot bepalen. Ze verklaarde het met een boeddhistische uitdrukking: 'Een lotus groeit in de modder.'

Ik denk aan de man die tegen *de Volkskrant* zei dat hij de ervaring van de kanker die hem bijna velde, niet had willen missen. Dat hij minder verlegen in het leven stond, meer durfde nadat hij de ziekte had overwonnen. Hij haalde Heidegger aan, 'Sein zum Tode'. Dat je pas in het gezicht van de dood werkelijk kunt leven.

Bij mij heeft mijn vaders vroege dood geleid tot euforische levenshaast en relativerende levensrust – niets maakt veel uit, uiteindelijk volgt gewoon de dood.

Het nederige besef dat als jouw hart is gestopt met kloppen, de treinen blijven rijden, bomen verder groeien, koeien dagelijks melk geven en fietsers doortrappen tegen de wind.

Het beeld van de wereld die gewoon doordraait, gezien op een woensdagmiddag in april 1977, door de betraande ogen van een vijftienjarige jongen, op de achterbank van een zwarte amerikaan, in een rouwstoet op weg naar crematorium Ockenburgh in Den Haag.

De stervende vader in huis, drie jaar lang doodsangsten. Ik herinner me hoe ik op een doordeweekse schooldag van huis in Zoeterwoude naar de middelbare school in Leiden fiets. Zoals altijd in grote haast. Het is drie dagen voor de dood van mijn vader. De aftakeling gaat nu zo hard dat het een kwestie van dagen is. Tranen in de ogen en een woeste geest.

Iedereen die ik zie tijdens dat halve uur fietsen kijk ik aan. Dan zeg ik in mezelf, zachtjes maar vol venijn: 'Jij gaat ook dood.'

Een bushalte vol wachtende reizigers: 'En jij, en jij, en jij... Jullie gaan allemaal dood.'

De volle trein die het viaduct bij de Lammenschansweg oversteekt terwijl ik eronderdoor fiets: '… allemaal dood…'

Door het centrum van Leiden. Winkeliers, wandelaars, politieagenten, studenten, de bloemenboer: '... dood ...'

Op school aangekomen incasseer ik zwijgend de woorden van de conciërge. 'Zo Roeleven, ben je weer te laat...' Weet hij veel. Gaat ook dood.

Wiskundeleraar Oomes moet een asgrauwe leerling met waanzinnige blik hebben zien binnenkomen.

'Roeleven, waarom ben je te laat?'

Ik kijk, maar kan niet praten.

'Ga je maar melden bij de conrector...'

Klas uit, gang op, misselijk.

Denk: jij gaat ook dood.

Ik weet het niet zeker meer, maar ik geloof dat ik tussen de fietsen in de kelder van de grote scholengemeenschap heb staan huilen en vervolgens weer naar huis ben gereden. Kalm en in trance. Naar mijn stervende held.

De vader die doodgaat, maar de vrolijkheid zelve blijft. Die zittend voor het slaapkamerraam naar klanten en dorpsgenoten zwaait. Die via de intercom naar de keuken beneden roept dat hij in zijn bed zit te smullen van draadjesvlees met aardappels. Alles gepureerd, want slikken gaat allang niet meer.

Hoe hij een week voor zijn dood een toneelstuk opvoert met de spullen die de pastoor na een huisbezoek is vergeten mee te nemen.

Bange, verdrietige, eenzame grapjas.

's Nachts tobbend op de rand van zijn bed over hoe het na zijn dood verder moet met de winkel, zijn vrouw en vier kinderen.

Hij praat met mijn moeder. Over een andere man, na zijn dood. Ze moet niet om hem blijven treuren. Hij zegt dat ze haar rijbewijs moet gaan halen. Onafhankelijk worden. En niet tot elke prijs die winkel voortzetten.

Hij praat over het leven dat ze samen hebben geleefd. Hij zegt gelukkig te zijn geweest. Heeft het gevoel dat hij tachtig jaar heeft geleefd. Is trots op zijn werk, zijn gezin en hun vakantiereizen.

Twee dagen voor zijn dood heeft hij zin in een haring. Een oom reist 's avonds tussen Katwijk en Scheveningen om haring te vinden. Uiteindelijk heeft hij succes in Zoetermeer. De rauwe vis glijdt naar binnen. Ongepureerd.

Als de sokken zongedroogd zijn, verlaat ik kamer 4 van Osteria dello Stambecco in het bergdorpje Víu. De waard zwaait mij en mijn Cucchietti uit en ik fiets rustig de straat in. Voor het einde knijp ik al in de remmen. Een *farmacia*. De billenzalf! Koop voor 4 euro Pasta di Fissan babyzalf die de fietsende krachtpatser Nick een paar dagen geleden bij volle maan adviseerde.

Tijdens een zwierige afdaling door een brede kloof zie ik auto's wachten voor een kudde koeien die de weg op wordt gedreven.

Misschien wel door alle overpeinzingen van vanmorgen besluit ik regel 5 te overtreden. Ik bel mijn geliefde op haar werk en laat de rinkelende optocht van grote roodbonte bergkoeien horen. Beschrijf de rode strikken aan hun enorme koebellen en geef haar mijn liefde.

Na het ophangen weet ik weer waarom ik regel 5 heb ingesteld. Niet vanwege de kosten, maar door het lege, pijnlijke gevoel dat na een *long distance call* ontstaat. Als de koeien voorbij zijn, zink ik af naar Lanzo Torinese. In het drukke Caffé Stazione neem ik plaats met een cappuccino aan een tafeltje naast twee oudere heren in wielerkleding.

We groeten elkaar, wielrenners tenslotte. De oudste stelt in het Italiaans vragen die ik niet kan beantwoorden en hij laat mij trots zijn tamelijk nieuwe fiets zien. Een super-de-luxe Colnago van carbon. 'Weegt maar 7 kilo,' zegt de man veelbetekenend. Zijn fietsvriend kijkt hem bewonderend aan. Ik streel onder tafel de achtervork van mijn rossonero.

Ik zie ineens overeenkomsten tussen de wielersport en de vissport. Materiaal is heilig en een geliefkoosd onderwerp van gesprek. Hoe lichter, hoe beter. En het Latijn dat de beoefenaars spreken. Oncontroleerbare prestaties, de grootste vissen, de hoogste bergen.

Ik stap snel weer op en geniet van de natuur buiten Lanzo Torinese. De frisse, koele lucht in combinatie met diffuus licht maakt me licht in het hoofd. Ik kijk loodrecht naar boven en zie witte strepen elkaar kruisen tegen een blauwe achtergrond. Condens van straalmotoren tegen de strakke hemel, zou men zeggen. Ik zie iets anders.

Ik zie Mariska Freriks. Vriendin, collega bij *Zembla* en krijger. Dood door een hersentumor, 32 jaar oud. Getrouwd met mijn vriend N. op het strand van IJmuiden, op een dag dat de dood al onvermijdelijk was.

De Zonnegod was het jonge paar goed gezind. De weken voor en de weken na de huwelijksdag waren van een zelden vertoonde treurigheid. Hun trouwdag was vol zon en zonder wolken.

Witte strepen aan het Italiaanse firmament associeer ik met Mariska, niet door het huwelijksfeest, maar door de week voor haar dood, een half jaar later. Telkens als ik naar N. fietste om hem te steunen bij het sterven van zijn grote liefde, zag ik die witte februaristrepen in de stabiele blauwe lucht. Ze schonken me om onduidelijke redenen troost.

En ik zal nooit vergeten dat ik met N. richting Breda reed voor een gesprek met wielrenner Michael Boogerd. We maakten een NPS-documentaire over zijn gewonnen Touretappe naar La Plagne in 2002.

Halverwege, precies op de Moerdijkbrug, ging de mobiele telefoon. Mariska. Ze had die dag een kankeronderzoek gehad, en tegen de afspraak in kreeg ze onmiddellijk de uitslag.

N. werd stil. Ik voelde de aard van het gesprek en stopte de auto op de vluchtstrook van de brug. Aan de emotionele reactie van N. was te zien dat het fataal was.

Na het verbreken van de verbinding wilde hij zijn telefoon in het Hollandsch Diep gooien. Hij deed het niet. We reden naar Breda, waar Mariska die avond zou zijn. Ik ging alleen naar Boogerd, maar de zin daarvan was me inmiddels volledig ontgaan.

Mariska was geen lijdende patiënt. Ze was een krijger. Een strijder. Ondertekende haar mails met Warrior 247. Vierentwintig uur per dag en zeven dagen per week vocht ze jarenlang tegen de kanker. En uiteindelijk verloor ze. Wat de populaire theorie dat kanker door een *Triumph des Willens* te overleven zou zijn volledig onderuit haalt, want harder vechten dan Mariska kan niemand.

Mariska werkte als journalist bij VARA's *Kassa*, bij Amnesty en ze kocht internationale documentaires aan voor *Zembla*. Kort na nieuwe scans en onderzoeken zat ze weer gewoon met een half kaalgeschoren hoofd achter haar bureau in Hilversum.

Ze was een bijzondere dame. Recht door zee, intelligent, rigoureus, sportief, warm, grappig, kritisch, *no bullshit*. Mariska was knap. Blauwgroene ogen, bruin lang haar, zware wenkbrauwen, zware stem. Ze stond streng naast mijn bureau op de redactie van *Zembla* als ik haar voor de zoveelste keer vroeg hoe bepaalde programma's op de computer werkten. 'Ik ben geen *nerd*, maar jij bent toch ook niet achterlijk,' zei ze dan. En vervolgens hielp ze me met plezier. Warrior 247.

De klim naar Corio is een taaie. Ik word ingehaald door een man die zeker twintig jaar ouder is, maar waarschijnlijk ook twintig kilo lichter. Een klein, bijna kaal mannetje op een mintgroene Bianchi. Ik probeer hem bij te houden. Dat lukt met enige moeite tot het echt steil wordt en hij zonder te schakelen demarreert. Waarschijnlijk is dit zijn dagelijkse ochtendrondje. Later staat hij langs de kant van de weg te drinken uit zijn bidon. We groeten elkaar.

Er rijdt geen kip op deze binnenweg. Ik snap pas na een kilometer of vijf waarom. De weg is verderop afgesloten en ook fietsers wordt gevraagd om te keren en een omleiding te volgen. Ik ga rechtdoor, tegen de verbodsborden in, want heb een hekel aan omrijden. Desnoods moet ik door een rivier waden met mijn rossonero boven het hoofd.

De weg is tot een kilometer of twee na de verbodsborden goed begaanbaar. Fluitend rijd ik langs weilanden vol koeien, blij met mijn eigenwijsheid. Maar dan houdt het asfalt op en komt er een lang stuk steenslag en puin. Welkom Cucchietti in de wereld van Roeleven. Bij afwezigheid van de afgesloten, ongeasfalteerde Colle del Nivolet, vind ik hier mijn portie off-the-road-fietsen.

Stuur voorzichtig door het gruis en kom na een minuut of vijf ruig rijden bij een stalen hek dat dwars over de weg staat. Dit is serieus. Maar aan de linkerkant zie ik een mogelijkheid om erlangs te gaan. Stap af, til mijn fiets op en wandel via de met brandnetels bezaaide berm langs het hek. Kom op een in renovatie zijnde brug over een zijriviertje van de Po. De ontmantelde brug weerstaat de honderd kilo van de Hollands-Italiaanse combinatie ternauwernood.

In het oude centrum van Cuorgnè heeft het terras van bar Commercio uitzicht op een grote parkeerplaats. Trek wat bezwete kledingstukken uit op het toilet, was mijn armen, oksels, nek en gezicht en doe een droog T-shirt aan. Ik drapeer de vochtige kleding over mijn tegen een buxus geparkeerde fiets.

Ga met mijn rug naar de auto's zitten en bestudeer de andere gasten op het terras. Een dikke, bejaarde vader en zijn mollige zoon bespreken vol vuur de landelijke politiek. Verder rookt een verliefd stelletje Diana-sigaretten. Aan een tafel lunchen kantoorklerken. Ik bestel een fles bronwater met prik en een klein karafje rode wijn. Verder pasta, gegrilde groente, salade en koffie toe. 12 euro verder hijs ik me in de ranzig riekende, maar droge kleding.

Voor ik opstap kijk ik nog even op de Michelinkaart. Ik zie dat in mijn oorspronkelijke plan Cuorgnè het vertrekpunt zou zijn voor de expeditie naar de mysterieuze Colle del Nivolet. Vanaf hier zou ik 39 kilometer in westelijke richting fietsen, naar de rand van het Parco Nazionale del Gran Paradiso. Volgens plan zou ik slapen in Ceresole Reale, want deze plaats is thuis al blauw omcirkeld.

De volgende ochtend zou ik dan vroeg de oversteek maken, dwars door het formidabele Nationaal Park naar Aosta. Eerst 18 kilometer klimmen van 1620 naar 2612 meter, daar de top wandelend, glijdend of fietsend ronden en dan over onbekende weggetjes naar een asfaltpad zoeken dat door de Val Savarenche loopt.

Onbekend terrein dat het klapstuk van mijn tocht moest worden. Maar de Wijze Mannen van Cucchietti hebben me overtuigd dat deze col gesloten is.

Ik vouw de kaart met een zucht dicht. Geen held. Geen avontuur. Geen spannende afslag naar links, maar saai rechtdoor, noordwaarts, om het grote paradijs heen. Op het kruispunt staat het plaatsje Ceresole Reale aangegeven. Ik wend mijn hoofd demonstratief af en neem me voor ooit in een nazomer deze klim te gaan doen.

Ik merk vandaag dat ik op deze derde echte fietsdag rustiger ben dan gisteren en eergisteren. Het fietsen gaat fantastisch, het middaglicht is prachtig en de dorpjes liggen letterlijk aan de voet van de berg. In Quassolo vraag ik op een kruispunt de weg naar Settimo Vittone aan een oude man die op een stoel zit. Hij heeft een rood-witte stok in de hand. De blinde stuurt de fietser feilloos de goede kant op.

De benen voelen goed vandaag. Vol kracht en fit. De eerste keer sinds het vertrek uit Dronero dat ik over de 90 kilometer kom. Een stijgende lijn. Na een rustige boerenweg kruis ik een kanaal dat snelstromend bergwater afvoert en kom terecht op de drukke rijksweg ss26.

Tegen zessen zie ik een kleurrijk bordje: BED & BREAKFAST FIGLIEI. Onder de naam staat een grappige tekening à la Dick Bruna van een tevreden slapende man in een geel bedje met een opengeslagen boek op het blauwe dekentje ter hoogte van zijn buik. Uit zijn mond komt drie keer de letter z. Ik aarzel niet, knijp in de remmen en sla een zandpad in.

Na wat rondvragen vind ik op het erf de eigenares, Rosanna Follioley. Een kordate tante die met haar man een boerderij drijft en daarnaast vier kamers verhuurt. Weer ben ik de enige gast. Ze wijst me een schone kamer boordevol boeken. Er is een ligbad op de gang. De fiets mag in de stal overnachten. Ik zeg ja tegen Rosanna.

Omdat de boiler het water nog moet opwarmen en het lichaam na een dag fietsen blijkbaar urgente behoefte heeft aan zout en alcohol loop ik in mijn wielerkleren langs fel blaffende honden naar de dichtstbijzijnde bar voor bier en chips. Het begint te miezeren. Gelukkig staat mijn nieuwe fiets droog bij de tractoren en het stro.

De naar de rijksweg genoemde zaak heet caffè Statale 26 en scoort hoog op mijn ranglijst van meest ongezellige bars van Italië. Glazen gevel, alles van plastic, ook binnen veel glas, neon en roestvrij staal. Hypermodern, maar sfeerloos. De aanwezige boeren en arbeiders detoneren in dit decor. Ze blijven niet lang.

Ik krijg van de geblondeerde barkeepster een mooi glas bier en een zakje chips. Mijn bezwete kleding voelt koud aan. Rillingen lopen over mijn lijf. Leeg snel het bierglas en betaal aan de bar.

Op straat is het koud en guur. De wind wakkert aan en het is bijna donker. Een schele herdershond blaft me onvriendelijk toe.

Een half uur later lig ik fris geurend op bed, smeer babyzalf en voetencrème waar nodig en pak Italiaanse boeken over uiteenlopende onderwerpen van de houten planken naast het bed.

Op de onderste plank staat poëzie, filosofie, sport en de Michelingids van Italië, editie 1994. Ik kijk bij het plaatsje Settimo Vittone en zie een paar rode lepeltjes bij een zaak die Locanda dell'Angelo heet. Op nummer 6 in de Via Marconi. Ik schrijf het in mijn boekje en besluit het straks te gaan zoeken.

Ontspannen liggend op bed zie ik de kunst aan de muur: een spiegel met daarin Manhattan geëtst, inclusief Twin Towers. Een poster met twee kindjes die elkaar heel teder kussen. Prachtige kitsch, getiteld 'Love Lesson', uit 1979, *printed in Sweden*. Aan de muur tegenover het bed hangt een huilend zigeunerinnetje.

Buiten rijdt een bemodderde Lamborghini het erf op.

Hoofdstuk 8

Settimo Vittone – Aosta, 88 km

Waarin de zon de expeditie geselt, de goot nader is dan het podium en de rossonero een eenzame nacht slijt in de voorraadkast van Hotel California.

Ondanks twee plaspauzes heb ik tussen 23.20 en 7.11 uur als een blok geslapen.

Het knisperende voorjaarszonlicht heeft me gewekt. Ik hoor nu pas dat een gemankeerde haan ook heeft geprobeerd me wakker te krijgen. Hij kraait uit volle borst, maar zo schor dat niemand het merkt. Zijn geluid breekt abrupt af als hij zijn climax nadert.

Ik ben zó uitgeslapen en het is zulk lekker weer dat ik meteen uit bed stap om buiten op het erf een wandelingetje te maken. De schele herdershond laat me dit keer met rust.

Italiaanse vogels zingen hun hoogste lied, rode geraniums bloeien in bakken voor de ramen van de boerderij. De bergen zijn vrij van wolken. Het wordt een schone dag. En warm.

Als ik terugkom op de kamer is het ontbijt al bezorgd. Een riant dienblad vol heerlijkheden staat op een krukje naast het opengeslagen bed. Kaas van eigen geit, een gekookt eitje, zelfgemaakte jam, verse broodjes, mezzaluna, sterke koffie met een zilveren kannetje geklopte melk, boter, verse jus d'orange. Ook vandaag begint het afzien niet op de slaapkamer.

Ik kiek het ontbijttafereel. Fotografeer op de slaapkamer de Twin Towers en het boerenraam met uitzicht op het bloemrijke erf in het ochtendlicht. Vervolgens scheer ik me, poets tanden, smeer me in tegen de zon en ga zorgvuldig de rugzak inpakken.

Elke dag hetzelfde ritueel waarbij ik zo lang mogelijk wacht met het aantrekken van de strak zittende wielerkleren. Ik leg koersbroek, shirt, sokken en zweethemd op een apart stapeltje en ga gekleed in ondergoed inpakken. Als afrondende handeling gaat steevast babyvet op ballen en billen. Dan het ondergoed in de tas, gevolgd door de toiletspullen.

Als alles is ingepakt en ik de kamer een beetje fatsoenlijk heb achtergelaten, loop ik naar beneden en zoek de vrouw des huizes. Ik reken contant af, krijg een kwitantie en neem me in stilte voor hier met de auto ooit een tussenstop te maken.

Na SettimoVittone volgt de ss26 de snelstromende Dora Baltea. Mijn hersenen maken onmiddellijk contact met *'We went down to the river'* van Bruce Springsteen.

Het begin van de etappe is feest. Dalende weg, koele wind. Af en toe fiets ik in de zon, maar meestal in de schaduw. Ben uitgeslapen, gedraag me als een toerist en stop regelmatig om een foto te maken van de prachtige kloof waar ik doorheen fiets. Het kost niet alleen tijd, maar vooral ritme. Als ik de burcht van Bard ben gepasseerd, stop ik weer. Nu om te vragen of er een stil weggetje bestaat aan de overkant van de rivier.

In trattoria Ponte Antico, gelegen recht tegenover een Romeinse stenen voetgangersbrug over de kolkende rivier, bestel ik staand aan de roestvrijstalen bar een dubbele espresso. De jonge barvrouw loopt mee naar buiten en wijst me waar een rustige route naar Aosta begint.

Als ik een foto wil maken van mijn rossonero tussen de aan de leuning van de brug hangende rode bloemenpracht, komt een groep wandelaars voorbij die luid pratend halt houdt in mijn zorgvuldig gekaderde beeld. Ik wacht geduldig en maak op hun verzoek met drie verschillende camera's foto's van de groep op de Ponte Antico.

De groepsleden praten Italiaans. Ze zijn van een Rotary-achtige club. 'Waar kom je vandaan?' is de vraag. Mijn 'Paesi Bassi' leidt tot opwinding in het gezelschap.

'*Olanda*, dan moet je met Patricia praten, die spreekt Nederlands,' roepen ze. Ik schat Patricia een jaar of dertig. Ze heeft in Antwerpen gestudeerd en spreekt een behoorlijk mondje Vlaams.

'Amai,' zegt ze als ik vertel dat ik naar Nederland aan het fietsen ben. Ze vertaalt het snel naar de rest van de groep. Collectieve bewondering is mijn deel. Ik doe er nog een schepje bovenop en wijs naar de witte toppen aan het einde van het dal. 'Daar ga ik morgen overheen,' poch ik.

Een oudere dame uit de groep wil dat ik voor haar poseer. Met fiets! 'Want die kleurt zo mooi met het rood van de bloemen,' verklaart ze. Vrouw naar mijn hart.

Als de groep weg is rijd ik via de antieke Romeinse brug naar de andere kant van het water, naar Hone Antica. Een B-weggetje leidt me langs de achterkant van uitgestorven dorpjes.

Ik trap zonder inspanning, koester het zonnetje en rijd na een kilometer of tien door het openstaande hek van een voetbalstadionnetje. Ik kijk om me heen, groet de terreinknecht en rijd weer door.

Een muur van betonblokken beschermt het stadion tegen indringers. Aan de kant van de parkeerplaats staat met blauwe spuitbus in zwierig handschrift een Engelstalige tekst gespoten op de verder maagdelijke muur. *You never walk alone* staat er. Ik fiets er glimlachend voorbij. Betrek de woorden op mijn eigen solitaire situatie en denk terug aan de sms'jes die ik de afgelopen dagen van vrienden kreeg waarbij ze me sterkte wensen op deze solo-expeditie.

Ik denk aan mijn vader. Theo Roeleven knipoogt via de tekst op de muur van dit afgelegen amateurveld even naar me. De sentimentalista draait zijn fiets en rijdt terug. Stapt af, plaatst zijn camera op de grond en poseert zo cool mogelijk met zijn nieuwe fiets naast de lichtblauwe graffititekst. Foto met nieuwe fiets en de geest van vader.

Als je gestorven vader geen graf heeft, is-ie overal. Het gebrek aan een plek leidt ertoe dat ik op begraafplaatsen (ook in het buitenland) naar graven zoek met de naam Roeleven of Theodorus erop. Ik wil een plek om in mijn eentje naartoe te kunnen gaan. Om geconcentreerd aan hem te kunnen denken.

Door het ontbreken van een graf denk ik mijn vader op de meest onverwachte momenten en op de gekste plaatsen te ontmoeten. Hier dus bij het voetbalveld van een Italiaanse amateurclub. Maar ook als ergens ter wereld plotseling een Spar-winkel mijn pad kruist.

Of als ik over rijksweg A4 van Amsterdam naar Leiden rijd. Dan passeer ik ter hoogte van Leiderdorp het ziekenhuis waarin mijn vader is gestorven. Dan kijk ik naar rechts en zeg in mezelf: 'Dag pap.'
Leven met de doden, het is geen feest.

Vandaag is een fietsdag die niet wil lopen. Veel gestopt, toeristisch gedrag. Nu sta ik weer te treuzelen bij een bezoekerscentrum voor wandelaars in het gebied rond Monte Avic. Heb nog nooit van die berg gehoord. Hij is 3006 meter hoog en blijkbaar valt hier veel te wandelen en te skiën. Ik bekijk de interactieve informatiezuilen en raak het scherm aan voor kennis over bloemen en planten in dit gebied. Uitstelgedrag.

Met tegenzin ga ik de hitte weer in en stap op. Met de spreekwoordelijke pap in de benen fiets ik door. Steek de Dorarivier over en kom weer op de SS26. Vergezichten, bossen, bergen, bruisende rivier. Vanaf hier keer ik de Po-vlakte definitief de rug toe. De weg leidt langzaam omhoog naar de Alpen.
    Ik heb het vreselijk zwaar, maar ik wil het niet weten. Het is geen col, het is geen berg, het is gewoon heet en lastig. Voor het eerst na het afscheid van Dronero, Maria Teresa en de familie Cucchietti begin ik te twijfelen aan de *fun* van deze expeditie.
    In St. Vincent kan ik kiezen. Op de drukke weg blijven en een kleine dertig kilometer doorknallen naar Aosta, of de rivier weer oversteken en over een rustige weg langs de bosrand rijden.
    Ik kies voor de stilte. En daarmee voor een langer traject dat de glooiingen en grillen van de berg volgt. Kuitenbrekers. Dalen en klimmen. Klimmen en dalen. Tij-

dens deze rit over de flanken van de berg moet ik aan Ernest Hemingway denken. De Amerikaanse schrijver en Nobelprijswinnaar was niet alleen volledig in de ban van vrouwen, drank, oorlog en boksen, maar ook van wielrennen.

Hemingway bezocht vele zesdaagses op het Vélodrome d'Hiver in Parijs en volgde de Tour de France intensief. Hij fietste zelf ook. Na een van zijn tochten door Frankrijk schreef hij in een artikel: *'Door fietsen leer je de contouren van een land het beste kennen, omdat je de heuvels op moet zweten en daarna naar beneden moet glijden. Zo herinner je je ze zoals ze echt zijn, terwijl je in een auto alleen onder de indruk raakt van een écht hoge heuvel.'*

Op een van de vele korte klimmetjes parelt het zweet langs mijn polsen. De rugzak zit niet lekker op mijn rug. Ik ben uit balans en krijg last van honger. Ik heb koeken bij me voor dit soort gevallen, maar heb geen zin om te stoppen, want ik verwacht elk moment een dorpje met een trattoria om even te lunchen.

Op een bepaald moment zijn ook beide bidons leeg. Ik heb dorst en krijg de hongerklop, een fenomeen dat zelfs beroemde wielrenners in de Tour de France de etappezege heeft gekost. Alle energie trekt weg en de benen hebben geen kracht meer. De kopgroep fietst bij je vandaan en je bungelt aan een denkbeeldig touw op de bergweg.

Als eenzame berijder van een nieuwe fiets zijn de gevolgen van de hongerklop minder ernstig, maar het geestelijke effect is vergelijkbaar. Treurigheid, negatieve gedachten, chagrijn, zin om af te stappen, opgeven, overgeven.

Ik begin hardop te schelden op de Italiaanse bewegwijzering. De afstand naar het volgende dorp klopt niet. Het is onduidelijk waar ik heen moet. En als ik eindelijk een reclamebord zie van een zaak waar ik hopelijk iets zou kunnen eten, word ik eerst het hele dorp door gejaagd. En als het volgende bord zegt dat het nog maar 150 meter is, moet ik minstens nog een halve kilometer lang met een lege tank stukken van meer dan 10 procent stijging beklimmen.

Vloekend kom ik boven. Gelukkig is het hotel-restaurant geopend. Bestel meteen bij binnenkomst aan de bar een pasta, dagschotel, rode wijn en een halve liter *acqua frizzante*. Ik loop door en verfris me snel op de wc. Was oksels, nek, gezicht, handen en armen.

Buiten bij de voordeur hang ik de natte wielerkleding in de felle zon over mijn fiets, die als een rood-zwart baken voor de zaak staat. Niet op slot, maar het is hier zo uitgestorven en heet dat ik me niet kan voorstellen dat er iemand passeert om een fiets te stelen.

Eenmaal aan tafel probeer ik een beetje te bedaren. Een tv brengt met maximaal volume het regionale nieuws en de airco draait op volle toeren. Van de bloedhitte in de vrieskou.

Eenmaal weer op de fiets is de honger weg, de dorst ook, maar het chagrijn is gebleven. Waarom? Dit is toch wat ik wilde, lekker fietsen over stille wegen in de zon.

Ik rijd erg langzaam, handen in de Cucchietti-stand op het stuur. Ik kijk om me heen en het begint op te klaren in mijn hoofd. Het is extreem stil op dit landweggetje dat door bossen en langs boerderijen slingert. Een vogel vliegt laag over het wegdek voor me uit. Alsof-ie de weg wijst en me wil opvrolijken.

In het dorpje Brissogne blijkt de oorzaak van de stilte

onderweg. De doorgaande weg is afgesloten. Ik stop en stap af. Stoere mannen zijn met drilboren en spades fanatiek aan het graven en hakken in de weg. Ontblote, bezwete bovenlijven, enorme spierballen. Ze gebruiken de komst van de rossonero als aanleiding voor een pauze en stellen om beurten vragen over de nieuwe fiets.

Van welk materiaal is hij?
Wat weegt hij?
Wat kost hij?

Ik laat de in een kuil staande mannen de fiets voelen. De eerste tilt hem op en geeft hem respectvol door aan de tweede. Zo gaat de fiets van hand tot hand. Ze vinden hem erg licht. En mooi.

Als ik ze heb laten raden naar de prijs neem ik hartelijk afscheid van de mannen. Ze wuiven gedag en wensen me een goede reis.

Goedgemutst vervolg ik mijn tocht. De weg daalt hierna door het mooie, groene dorpje. Ik zie een vrouw witte lakens, witte hemdjes en witte onderbroeken aan een waslijn hangen. Een tuin verder leest een brunette op een ligstoel een dik boek. Ze draagt een oranje bikini en een bruine zonnebril. Op het lage tafeltje naast haar liggen sigaretten en er staat een glas rosé. Een klein wit hondje likt de gelakte grote teen van haar linkervoet.

Het lijkt erop dat de somberte voorbij is. Maar als ik moe de buitenwijken van Aosta betreed en er veel vies verkeer op mijn pad komt, is de goede zin snel vertrokken.

Ik stop en stap af. Ga zitten op de stoep voor een tabakswinkel. Op de achterkant van een enveloppe noteer ik: *Kapot! Erg heet. Vals plat! Veel tegenwind. Geen moraal.*

Via het enorme rangeerterrein van Aosta rijd ik naar het fraaie oude centrum met het befaamde stadhuis aan de Piazza Chanoux. Ik heb in deze stad een en ander te doen. De laatst gelezen hoofdstukken van Tommy Wieringa moeten op de post voordat ik morgen naar Zwitserland rijd.

Ik besluit eerst ijs te gaan eten op een mondain terras te midden van verliefde Italiaanse stelletjes en keurig geklede families. Zit aan tafel 13 in de schaduw. Het centrale plein van Aosta ligt er prachtig bij. De middagzon weerkaatst op de glimmende, besneeuwde toppen van het nabijgelegen Mont Blancmassief.

Ineens valt me op dat overal roze posters met fietsjes voor de ruiten van de winkels hangen. De Giro d'Italia komt naar Aosta! Ik zie de route en de doorkomsttijden. De karavaan komt al over drie dagen. Eerst rijden ze langs Aosta naar Courmayeur, aan de voet van de Mont Blanc. De volgende dag is het vertrek hier op dit plein en rijden ze via een ommetje van een kleine 200 kilometer door Zwitserland naar het Italiaanse stadje Domodossola. Even overweeg ik te blijven om dat spektakel van nabij mee te maken. Maar drie dagen hier hangen is geen goed idee. Ik moet er de vaart in houden en de Giro voor blijven.

De Giro rijdt zondag mijn route van morgen. Van Aosta klimmen ze over mijn enige overgebleven col, de Colle del Gran San Bernardo (2469) en rijden dan naar Martigny, de plaats waar ik stop en zij doordenderen. Het geeft mijn rit van morgen een aparte glans. Het neemt ook mijn twijfel weg over de vraag of die ene echte nog resterende col op mijn traject begaanbaar zal zijn. Als dat hele circus van de Giro eroverheen gaat, dan moet er ook voor mijn Cucchietti plaats zijn.

Opgewonden verlaat ik het terras van de *gelateria* en

ga op zoek naar het postkantoor. Even later draag ik mijn fiets de trappen op van een enorm betonnen gebouw met fascistoïde trekken. Hier stop ik Tommy Wieringa en de overbodig geworden landkaart van Italië in een aan mezelf geadresseerde enveloppe van de Italiaanse posterijen. Als ik de dame achter het loket vraag of de col van de Gran San Bernardo open is, loopt ze weg om het uit te zoeken. Ze komt terug en zegt: 'Ja, de weg naar Zwitserland is open.'

Ik sms: '*Aosta. Eerste offday. Bloedheet en veel wind in het dal. Net overgewicht Tommy Wieringa op post gedaan. Morgen Col van St.-Bernard. Hoop dat benen weer vollopen. Ciao!*'

Ik rijd rustig terug naar het stadshart. Onderweg zie ik aan de overkant van de straat een verpauperd hotel met de in neon uitgevoerde naam Sweet Rock. Tijdens het wachten om de drukke straat te kunnen oversteken klinkt in mijn hoofd de intro van Led Zeppelins 'Stairway to Heaven'.

Ik heb zin om in te checken en me onder te dompelen in een bad van lauw bier & slechte rock-'n-roll. Tot laat in een met whisky en narcotica doordesemde hotelbar hangen met de jongens van de plaatselijke motorclub. En dan 's ochtends naar adem happend op karakter en zwarte koffie zonder een centje pijn de berg over.

Ik loop een zijdeur van het hotel binnen. Het ruikt er goed smerig. Nergens brandt licht. Geen mens te zien. Op de balie van de receptie staat een bordje: *chiuso*. Gesloten.

Ik verlaat de drukke weg en volg een bordje bergopwaarts dat zou moeten leiden naar hotel Les Geraniums.

Dat klinkt in elk geval fris. Een nadeel is dat die geraniums op grote hoogte groeien. Ik klim ernaartoe, maar ik wil niet meer klimmen. Ben het zat.

Les Geraniums ligt aan een hoge weg met mooi uitzicht over de stad. Als ik er eindelijk ben komt er net een man onder het rolluik vandaan kruipen. 'We zijn gesloten, sorry,' roept hij en loopt naar zijn geparkeerde Lancia.

Ik vervolg de hoge bergweg met tegenzin. Een lichtgewicht Italiaans klimmertje rijdt me in hoog tempo voorbij. Ik voel me lomp en zwaar. De weg eindigt in een bocht van de ss27. Er staat een groot, oud hotel met een Franse naam: Rayon de Soleil.

De hotellobby is laag en donker. Bruine houten plafonds, bruine lederen bankstellen uit de jaren zeventig. Het sleutelbord achter de eikenhouten balie van Huize Zonnestraal telt 44 sleutels en vertoont geen enkele lege plek. De broodmagere, doorrookte bejaarde receptioniste lijkt de reïncarnatie van de Israëlische ex-premier Golda Meir. Ze is kortaf: 'Het is 40 euro per nacht. Vooruit betalen.'

Het voelt alsof ik mijn intrek neem in Hotel California (*'you can check out every time you like, but you can never leave'*). Als ik verder kijk in het verlaten hotel komen associaties op met Stanley Kubricks horrorfilm *The Shining*. Een groteske, verlaten eetzaal met alle tafels keurig bedekt met wit linnen, witte borden, zilver bestek en glaswerk in alle soorten en maten. De macabere bruiloft kan elk moment beginnen.

Mijn rossonero mag in het souterrain overnachten, in de voorraadkamer bij de toiletten. De receptioniste geeft me de sleutel en even later sta ik tussen stapels handdoeken, balen toiletpapier en dozen vol in mintgroen plastic verpakte kleine zeepjes. Mijn fiets voelt zich hier veilig, merk ik. Ik zet hem tegen een stalen kast met schoonmaakmiddelen en neem afscheid. Ongezellig dat hij niet mee kan naar de hotelkamer. In het voorbijgaan zie ik op mijn dagtellertje dat we vandaag 88 kilometer hebben afgelegd.

Golda Meir zit in de kamer naast de voordeur te roken. Ik vraag haar of de weg naar Zwitserland via de Colle del Gran San Bernardo open is. Ze knikt.

Kamer 12 ruikt muf en heeft bruin tapijt vol schroeigaten en vieze vlekken. De schroeiplekken zitten niet alleen in het tapijt, maar ook aan de randen van het houten bureautje en op het nachtkastje. Ik vrees dat hier ook vlooien logeren.

Voor de ramen hangt vergeelde vitrage. Ik schuif het opzij, open de kozijnen en zie dat het uitzicht over de lager gelegen stad wordt belemmerd door een paar hoge bomen. Hoog in de verte zijn de besneeuwde bergen te zien van het Gran Paradisogebergte.

De drie peertjes boven de wastafel floepen aan als ik op de lichtschakelaar druk. Ik inspecteer de vloer op teennagels en resten schaamhaar van de vorige hotelgast, maar de badkamer is schoon.

Ik kijk in de spiegel en zie een afgeleefd hoofd met opgedroogde zoutresten op de slapen. De gelijkenis met het afgetrainde lijf van Joop Zoetemelk is ver te zoeken, maar ik denk aan hem als ik zie dat ter hoogte van de biceps een strak biesje is ontstaan tussen de gebruinde armen en de witte rest van het bovenlijf. Ik ruik zweet.

Voordat ik ga liggen om te ontspannen, draai ik de deur op slot.

Hoofdstuk 9

Aosta – Martigny, 67 km

Waarin de Nieuwe Fiets op illegale wijze Italië ontglipt, over Zwitserse waterwegen dendert en zijn berijder onbarmhartig in het middernachtleven stort.

Om half zes ben ik al klaarwakker. Nerveus voor de 40 kilometer lange klim naar de Colle del Gran San Bernardo, met 2469 meter het letterlijke hoogtepunt van mijn tocht. Ik rek me uit in het krakende oude bed van hotel Rayon de Soleil. Voel me stijf. Maak onder de dekens de enkels los. Daarna strek ik de onderrug en de nek. Heb een droge keel en lichte hoofdpijn.

Met mijn rechterhand knip ik het leeslampje aan. Kapot. Ik trek boven mijn hoofdkussen aan een touwtje. Het vertrek baadt meteen in een zee van tl-licht.

Ik lees de sms-berichten nog eens die ik gisteravond ontving.

'Hou vol! Na een slechte dag komt weer een goede. Niet te veel ijs eten.'

'Ik neem straks een glaasje wijn op je heldentocht. Ga nu Kopje van Bloemendaal doen.'

'Vooral in je eigen tempo klimmen.'
'Dirkie, ik ga heel erg aan je denken! Ik stuur je kracht zodat je er overheen vliegt...'
'Saluti di Dronero. Forza Campione.'

Om de laatste twee berichten moet ik glimlachen. Twee vrouwen, eentje aan het begin en eentje aan het einde van de route, leven met me mee en jutten me op.

Ik ga in bed liggen en noteer in mijn reisdagboek: *'Cadans, daar gaat het om vandaag. En positief denken. De benen zijn goed genoeg. Je zit al vijf dagen op de fiets, vandaag kun je de kers op de taart zetten voor de eerste helft van de tocht.'*

In de immense en doodstille ontbijtzaal van Huize Zonnestraal zitten de twee andere hotelgasten, uit Roemenië. Ik zie een woeste ongeschoren kop met een enorm horloge om zijn behaarde dikke pols en een nerveus rokend skelet met zwartgeverfd haar. Ze zitten met ernstige blik aan een tafeltje schuin tegenover het mijne voorovergebogen te smoezen. Ik wens hun beleefd een 'good morning'. Ze kijken even op, maar groeten niet terug. Hoewel ik er geen woord van versta, ademt het geheel groot ongeluk uit. Ik twijfel tussen drugskoeriers en voortvluchtige overvallers.

Behalve wit brood is er weinig vers op tafel. Voorverpakte biscuits, Nutella, honing en jam uit plastic kuipjes. Ik eet zo zoet mogelijk en leg een paar kuipjes honing apart als noodrantsoen voor onderweg. Onder tafel draaien mijn enkels hun warming-up. In mijn hoofd hoor ik Maria Teresa roepen: *'Pedala! Pedala!'*

Uit mijn notitieboekje pak ik een roze folder over de doorkomst van de Giro in Aosta. Smul van de gedachte dat ik hetzelfde parcours ga doen als de grote mannen. Ik bestudeer de afstanden en de stijgingspercentages. En schrik. Ze nemen de tunnel!

Ik hoop dat mijn ogen me bedriegen, maar het is waar. De Giro-karavaan neemt op 1006 meter hoogte de tunnel naar Martigny, terwijl ik dacht dat ze net als ik gewoon over de col zouden gaan.

Op de hotelkamer maak ik haast. Ik wil zo snel mogelijk naar buiten en naar boven. Het is droog en niet koud. Een dunne deken van mist trekt door Aosta. Ik voel me sterk en ervaar een prettige, tintelende spanning op de spieren van dij en kuit. Eindelijk een heldentocht voor de boeg.

Geconcentreerd pak ik de rugzak in. Ik kijk of er nog wat overtollig gewicht in de vuilnisbak kan, maar constateer dat ik echt op mijn minimum zit. Op die vrijwillig gekozen halve kilo wielerhistorische ballast van Benjo Maso na.

Om half acht fiets ik met hard opgepompte bandjes weg van het deprimerende hotel. Stop na tweehonderd meter alweer bij de benzinepomp, koop een extra mueslireep en vul een van de twee rode Cucchietti-bidons met de inhoud van een flesje energiedrank. Ik vraag bij het afrekenen aan de pompbediende of de col van de Gran San Bernardo geopend is. 'Ja, ja, die is open.'

De klim loopt als een naaimachine. Nauwelijks schakelen, licht trappen, licht denken. Geen zweet, volledige concentratie, regelmatig horloge kijken, afstand berekenen, snelheid constant houden. Klein slokje water elke tien minuten, iets grotere slok energiedrank elke twintig minuten. Mijn hart, longen en spieren werken harmonieus samen. Ik lijk hersteld van de slechte fietsdag van gisteren.

Volgens Gian Paolo Cucchietti is deze col makkelijker te bedwingen dan de iets lagere Colle di Sampeyre (2284 m). Het gemiddelde stijgingspercentage is vandaag rond 7 procent. De Sampeyre is 8,3 procent en die heb ik vorige week vrijwel ongetraind op een fonkelnieuwe fiets bedwongen.

Zingend, altijd zingend in het hoofd, trap ik mezelf naar boven. Liedjes van lang geleden, uit de puberteit en vlak daarna. Meestal Lou Reed, Herman Brood, Iggy Pop, Graham Parker of Van Morrison.

Elk veranderend beeld leidt tot een gedachtesprong of een ander liedje. Als ik aan mijn eerste grote liefde denk, springt het luikje van Hall & Oates ('Rich Girl') open. Ik zing hardop: *'You're a bitch girl and you have gone too far, and you know it doesn't matter anyway.'*

Als ik vervolgens denk aan mensen die sporten om zich te bewijzen, bijvoorbeeld op een fiets, komt Lou Reed langszij met *'And I won't play football for the coach.'*

Een mooi meisje langs de kant van de weg: *'I love girls, they're all over this World'* zing ik Iggy Pop na.

Dreamteam: Iggy als ploegleider, Lou Reed als mecanicien en Herman Brood als soigneur. *Rock on wheels.*

Ik trap door en door, voel me de ongekroonde koning van de Italiaanse Alpen. Aan de linkerkant van de weg, op een parkeerplaats, gaan plotseling luiken omhoog van de mobiele cafetaria Emanuela & Mario. Ik stop voor een kop koffie. Mario en Emanuela sjouwen met tafels en banken over het brede stuk asfalt tussen bosrand en rijbaan.

Ze zijn vrolijk en serveren in een plastic kopje een caffè macchiato. Ik neem de tijd, ga op de houten bank zitten en bestel een croissant.

'*Dove va,*' vraagt Mario als hij de gekleurde feestverlichting aan de zijkant van de wagen aansluit. Waar ik heen ga? Vol trots vertel ik hem dat mijn eindbestemming Amsterdam is.

'*Christo... a Amsterdam...*' zegt hij.

Hij roept Emanuela erbij en herhaalt wat hij zojuist heeft gehoord. Ze tuit haar lippen. De koffie wordt gratis.

Ik wil niet te lang hier op 1010 meter hoogte blijven zitten. Schrijf dus snel wat gedachten van onderweg op in mijn reisdagboek. Zoals deze: *Omdat ik mijn gezicht met zonnebrandcrème heb dichtgekit breekt het zweet op allerlei andere plaatsen uit.*

En heb al klimmende nagedacht over een mogelijk waarom van deze expeditie. Schrijf: *Midlifecrisis? No way. Althans, niet als je dat definieert als een crisis die wordt veroorzaakt door het groeiende besef dat het leven eindig is. Dat besef had ik al toen ik 12 jaar was, in het AZL op de Thorax-afdeling. Lijkbleek weggetrokken kind bij aanblik uitgemergelde witte vader in te warme oude ziekenzaal.*

Dit vereist enige toelichting. Bij mijn vader wordt in 1974 longkanker ontdekt nadat hij als donor een bezoek heeft gebracht aan de Bloedbank. Uit röntgenfoto's blijkt dat één long al dermate verkankerd is dat deze zo snel mogelijk moet worden verwijderd.

Voorafgaand aan deze operatie ligt mijn vader in het Academisch Ziekenhuis Leiden voor allerlei onderzoeken, in gebouw 40 van een afdeling met de naam Thorax, op een steenworp van de middelbare school waar ik dan in de brugklas zit.

Hier ruik ik de dood voor het eerst. Na school ga ik tijdens het bezoekuur naar mijn vader. Warme hoge gangen in een vooroorlogs ziekenhuis. Tl-licht, lichtgroen glimmend linoleum op de grond. De geur van lysol. Slangen, meters, pompjes.

Het zweet breekt aan alle kanten door. Ik doe mijn jas uit en loop de kamer binnen waar mijn vader met nog drie patiënten ligt. Ik zie een bleek gezicht met ingevallen wangen, hoor een smalle stem. Staand naast het bed pak ik zijn krachteloze hand en zoen hem. Hij kijkt me aan. Zijn ogen verraden angst. Ik wil huilen, maar hou me groot. Ik laat zijn hand los, wend me af, loop weg en val flauw op de gang.

Een verpleegster helpt me overeind en dept mijn voorhoofd met een koel washandje. Mijn maag draait en ik loop in versnelde pas naar de wc. Gooi alles eruit.

Dan begin ik vreselijk te huilen. De zuster omhelst me. Ik kalmeer en ze droogt mijn tranen. Ze laat me even bij het raam in de zusterskamer zitten voor frisse lucht. Ik haal diep adem en wil niet meer terug naar de zaal van mijn vader.

Ik heb de dood van nabij gezien. Hij blijkt bleek en mager. Hij is warm en hij stinkt. Hij huist in vooroorlogse gebouwen met lange gangen en witte hoge muren.

Ik heb nooit uitgezocht wat Thorax betekent. Voor mij is het de achternaam van de dood.

Niet veel later las ik *Kort Amerikaans*, waarin Jan Wolkers de dood van zijn tweeëntwintigjarige broer Gerrit beschrijft, in hetzelfde ziekenhuis. Pas nu, vele jaren later, herken ik Wolkers' obsessie met de dood. 'Je bent je er heel vroeg van bewust dat iets waar je zo mee verbonden was, zomaar kan verdwijnen. Ik stel daar een soort levensdrift, vitaliteit, tegenover, om het noodlot te bestrijden,' sprak Jan Wolkers, kruidenierszoon uit Oegstgeest, vlak bij Zoeterwoude-Dorp.

De dood die als een aanjager werkt. De dood als motor. De dood als fiets.

Uitgezwaaid door Emanuela en Mario zit ik na enkele minuten alweer te puffen en te steunen op het smalle Sella Italia van mijn nieuwe fiets. De cadans van voor de koffiepauze is verdwenen. Het is harken en stoempen. De hitte wordt drukkend. Ik ben minder geconcentreerd dan vanmorgen, maar rijd een straf gemiddelde.

In het dorpje Saint Rhemy stop ik bij een waterbak voor een resolute coolingdown. Ik zet mijn rugzak tegen de muur, doe mijn zonnebril af, leg het ranzige zweetdoekje te drogen en steek mijn verhitte kop in het ijskoude smeltwater dat met enorme snelheid van de bergen stroomt.

Op een informatiebord aan de overkant van de straat lees ik dat de Grote Sint-Bernhardpas 'historisch' is. Deze route is al sinds de Romeinse tijd een belangrijke handelsweg. In 773 trok Karel de Grote over deze pas. In 1800 was het de beurt aan Napoleon, die met dertigduizend manschappen de pas overstak om de Oostenrijkers uit Lombardije te verdrijven. De pas dankt zijn naam aan Bernhard van Menton. Hij stichtte hier in de elfde eeuw een klooster. De monniken hielpen in de problemen geraakte reizigers door ze met sint-bernardshonden op te sporen.

Als in een film van Bernardo Bertolucci komen met wapperende Italiaanse vlaggen getooide vrachtwagens vol asfalt de berg op rijden. Walsen en wegwerkers omsingelen de kokende substantie. De Giro is op komst, dus de wegen moeten voorbeeldig zijn. Ik lach breeduit naar de stoere mannen die sigaretten rokend hun zware werk doen.

'*Viva il Giro!*' roep ik in vermoedelijk fout Italiaans tijdens het passeren. Ze snappen mijn goede bedoeling en schreeuwen enthousiast iets onverstaanbaars terug. Ook de bevolking van het dorp waar de wegwerkers bezig zijn juichen de komst van de Giro toe, want het betekent dat vervallen wegen worden opgeknapt.

Als ik de wegwerkers heb afgeschud is het tijd voor de real thing. Ik neem nog wat energiedrank en voel dat de benen nog lang niet moe zijn. Vrolijker ben ik niet vaak een berg op gefietst.

In de verte vlakt de klim af tot een brede strook asfalt met een kruispunt. Een groen bord stuurt de tunnelgangers rechtdoor naar Zwitserland, een blauw bord wijst de liefhebbers van de col op een weggetje naar rechts. Als ik dichterbij kom, zie ik donkerrode banen van vrachtwagenplastic het blauwe bord richting col onleesbaar maken. Een rood kruis door mijn enige beklimming van naam en faam.

Ik zie het, maar de betekenis ervan dringt niet meteen tot me door. Ik stop bij de splitsing, leg mijn rugzak op het wegdek en parkeer mijn fiets tegen de vangrail.

Ik wandel een stukje terug om met aandacht te kunnen kijken naar deze borden. Ik staar langdurig naar iets dat ook in één oogopslag waarneembaar is.

'*Aperto! Seguro!*' echoot door mijn hoofd. De woorden

van Mario en Emanuela waar ik zojuist koffie heb gedronken. 'Hij is open. Zeker weten,' zeiden ze nog geen uur geleden op mijn vraag of de col open was. En de man van de benzinepomp, de vrouw van het hotel, de vrouw achter het loket van het postkantoor. Is mijn Italiaans dan zó slecht?

Domme Dirk.

Ineens snap ik waarom de Giro d'Italia niet over de col gaat maar door de tunnel. Ik vloek hardop. Ik kan dus geen enkele Alpenreus bedwingen op mijn tocht. Durf ik hier wel mee thuis te komen?

Maar ik denk terug aan de Colle di Sampeyre die ik op mijn maidentrip bedwong. Toen zag ik met eigen ogen dat de pas volledig was versperd met sneeuw. Anders zou ik hier waarschijnlijk, heel eigenwijs, geprobeerd hebben om toch de Gran San Bernardo te bedwingen. Desnoods achter een sneeuwschuiver aan of op ski's.

Langzaam komt een blauwe auto van de carabinieri naderbij. Twee rechercheurs in burger zitten rokend achter het stuur. Ze zien een fietser in een wielerpak van Bici Cucchietti op het midden van de weg staan. Hij maakt foto's van de verkeersborden, van zijn eenzame fiets en van zichzelf.

De politiemannen stoppen, draaien het raampje open en vragen wat ik daar sta te doen. Ik vraag of ze Engels spreken. Na hun ontkennende antwoord vraag ik met radeloze blik in slecht Italiaans of het klopt dat die col dicht is.

'Dat zie je toch op dat bord,' snauwen ze, terwijl ze naar het blauwe bord wijzen met de rode strepen door Passo del G.S. Bernardo.

'Weten jullie het zeker? Kan ik er echt niet langs,' probeer ik nog een keer.

'Ga je gang. Op de top ligt vier meter sneeuw,' zeggen ze geïrriteerd.
'Maar ik moet naar Zwitserland,' zeg ik onnozel.
Ze halen de schouders op.
'Gaat er een trein?'
'Nee.'
'Een bus'?
'Om half zes vanmiddag.'
Ze bekijken me vol minachting van teen tot top, gooien hun peuken op straat en rijden langzaam weg.

Daar sta ik dan. De enige weg naar Zwitserland is de 5,8 kilometer lange tunnel die na een kilometer of zes begint. Ik pak mijn telefoon en zoek morele steun door een sms-bericht naar enkele meelevende vrienden te sturen: *'Hoor net van de politie dat Colle San Bernardo dicht is. 4 meter sneeuw... moet terug of door verboden tunnel...'*

De toegangsweg tot die tunnel begint met vijf verbodsborden die keurig onder elkaar aan een paal zijn bevestigd.
Verboden voor motorfietsen tot 50 cc.
Verboden voor paard-en-wagens.
Verboden voor voetgangers.
Verboden voor fietsers.
Verboden te liften.
Ik maak een foto van alle verbodsborden. En besluit ze een voor een te trotseren. Want teruggaan is voor mij geen optie. Dan sta ik over een half uur in Aosta. Ik besluit recht op mijn doel af te gaan en als argeloze Hollandse hals te doen alsof ik geen bord heb gezien. Met snel kloppend hart fiets ik alle verbodsborden voorbij.

Ik denk aan de Amerikaanse zwemmer/avonturier Richard Halliburton, die in 1928 door het Panamakanaal wilde zwemmen. Mocht niet, was alleen voor schepen. Hij doopte zich de ss Halliburton, betaalde 36 dollarcent tol en zwom op zijn gemak het kanaal in.

Er komen antwoorden op mijn sms'je binnen: *'Vier meter valt toch wel mee? Volgens mij moet je wegwezen en in Basel opstappen.'*
En: *'Gaat er geen skilift?'*

Op weg naar de tunnel is er nauwelijks verkeer. Na een paar honderd meter zie ik weer hetzelfde rijtje verbodsborden. Mijn oog blijft hangen op het verbod om te liften. Het brengt me op een idee. Na een kwartier fietsen hoor ik een grote Italiaanse vrachtwagen met oplegger aankomen. Ik stap af bij de dubbele vangrail, draai mijn gezicht naar de aankomende truck en vraag vrolijk duimend om een lift.

De chauffeur ziet me, maar rijdt onverstoorbaar verder. Ik stap weer op en na enkele minuten komt er weer een vrachtwagen. Hij toetert luid als hij langsrijdt.

Ik begin wat minder optimistisch te worden. De zon gaat weg. Ik fiets op de doodstille, langzaam klimmende weg door een rijtje *gallerie* die de autoweg van vallend gesteente moeten vrijwaren.

Ik probeer de lol van dit avontuur te zien. Oefen in mijn beste vakantie-Italiaans hardop het verhaal dat ik straks moet afsteken bij de Italiaanse douaniers. Zinnetjes als *'Io sono giornalista* (ik ben een journalist) *e escrito una historia sopra il percorsa di Giro d'Italia due mille sei per un giornale olandes'* (die voor een Nederlandse krant een verhaal schrijft over het parcours van de Giro 2006).

Dat het logisch is dat ik door de tunnel moet, want dat doet het peloton zondag immers ook. Ga liegen dat ik net als Dino Buzzati destijds in 1949 voor de *Corriere della Serra* een boek maak over de Giro van 2006 en op die manier het hedendaagse Italië voor een Nederlands publiek beschrijf.

Ik heb een geldige perskaart bij me, dat kan helpen. Verder bedenk ik dat men tegen douaniers altijd rustig moet blijven en dat ik vooral oprechte verbazing moet spelen als ze me tegenhouden.

Ik stop een halve kilometer voor de tunnel om uit het zicht van de douane alvast mijn paspoort te pakken. Neem nog een slok water en repeteer voor het laatst mijn verhaal. In de bocht naar de tunnelmond ga ik rechtop zitten. Ik ben knap gespannen over de goede afloop van deze wilde actie, maar heb ook binnenpret.

Ik denk aan de verhalen van mijn vader, die graag kattenkwaad uithaalde. Op de dansschool tijdens de chachacha liet hij damesondergoed vallen dat dan, als alle dansparen weer aan de kant zaten, op de lege dansvloer achterbleef. Of hij gooide kogellagers over de parketvloer op het moment dat de dansleraar een demonstratie gaf en zodoende onderuit ging. Flauwe grappen uit de jaren vijftig, waar ik als kind van smulde.

In levenden lijve heb ik mijn vader, nota bene op de leeftijd die ik nu zelf heb, in het Olympisch Stadion meerdere malen ondeugend in actie gezien. Een jaar of vijf voor zijn dood gingen we met een nette man uit onze straat in Zoeterwoude naar een voetbalwedstrijd. Het was een gure herfstavond met regen en harde wind.

De zitplaatsen in het stadion waren onoverdekt. Vlak voor het begin van de wedstrijd zag mijn vader een rijtje vrije plaatsen op de naastgelegen overdekte eretribune. Hij wenkte de buurman en mij en klauterde met behulp van omstanders over het ijzeren hek tussen beide vakken, zoals hij ook allerlei jonge gasten had zien doen.

Toen was het mijn beurt. Ik klom trillend over het hek met de gemene stalen punten. Mijn vader ving me aan de andere kant op. 'Goed gedaan, jongen.'

De nette buurman bleef met zijn lange jas haken aan het hek. 'Theo, help!' riep hij tot grote hilariteit van beide vakken. Hij wist zich uiteindelijk los te maken en belandde onder luid applaus in ons vak. Mijn vader moest er tot zijn dood om lachen.

Later, in 1975, werd ik na een kettingbotsing op de Duitse *Autobahn* met hem opgenomen in een ziekenhuis te Siegburg. Hij had een sleutelbeenbreuk en ik een zware hersenschudding, omdat het geweld van de botsing me door de achterruit van de auto had geslingerd. De Duitse correspondent van het Algemeen Dagblad schreef de volgende dag: '*Drie Nederlanders, de heer Theodoor Roeleven (52), zijn vrouw Petronella (47) en hun zoon Dirk (14), zijn zaterdagavond in West-Duitsland gewond geraakt bij een kettingbotsing, nadat een Engelse autobus in de slip was geraakt en over de kop geslagen. De heer Roeleven en zijn zoon zijn opgenomen in een ziekenhuis in Siegburg.*'

Voor het eerst (en voor het laatst) van mijn leven had ik mijn vader twee volle weken voor mezelf. Ik lag in het bed naast hem op een ziekenzaaltje van vier. Twee Nederlandse patiënten en twee Duitsers waren tot elkaar veroordeeld. Wij sliepen links in het zaaltje en de Duitsers rechts.

Een oude man werd al voor het ontbijt door mijn vader

schertsend begroet met de woorden *Heil Hitler*, waarna de in pyjama gehulde man in de houding sprong. De andere patiënt, een sympathieke veertiger, had nog wondpijn van zijn blindedarmoperatie. Als hij moest lachen deed het pijn. Hij smeekte mijn vader om te stoppen met grappen maken. Vergeefs.

De twee Siegburgse weken vlogen vrolijk voorbij met klaverjassen, lezen en kwajongensstreken in de wandelgangen van het ziekenhuis. Ik was veertien en trots op mijn rare vader die voor geen mens bang was en met alles de draak stak. Ik besefte toen niet dat ik twintig maanden later aan zijn sterfbed zou staan. Het geluk van een ongeluk.

Hier bij de tunnel van de Gran San Bernardo is het zaak de brutale en charmante genen van mijn vader aan te spreken. Ik ga het avontuur handenwrijvend en ondeugend lachend tegemoet. Ik denk aan Theo Roeleven en aan figuren als Jack Kerouac, Herman Brood, Iggy Pop. *Let 'm roll!*

Op een gebouwtje in de verte hangt de Italiaanse vlag. De douanekantoortjes zijn geplaatst op een strook asfalt van een meter of zeventig breed. Mannen in uniform zitten administratief werk te doen. Zonlicht dringt hier niet door. Het is erg koud.

De tunnelbuis begint over tweehonderd meter. Vlak voor de ingang hangt de Zwitserse vlag. Hij wappert niet. Een paar Zwitserse douaniers controleren een touringcar.

Ik nader langzaam. Op een meter of dertig afstand staan twee jonge Italiaanse douaniers. Ze zien mij rijden en kijken elkaar verbaasd aan. Ik fiets door tot vlak voor hen en knijp dan pas in de remmen. Puf uit, steek demonstratief de tong uit de mond, groet de heren vriendelijk en presenteer vervolgens zo achteloos mogelijk mijn paspoort.

Ze kijken me aan met een vastberaden blik.

'U mag hier niet fietsen…'

'Parlate inglese?' vraag ik.

'No.'

'Eh… niet fietsen? Hoezo niet?'

'Het is verboden voor fietsers.'

'Verboden? Waar staat dat dan?'

'Aan het begin van de weg staat een bord. Er mag in de tunnel niet gefietst worden.'

'Dat bord heb ik niet gezien. Maar zondag gaat de Giro hier toch ook door de tunnel…'

'Ja, maar dat is de Giro…'

'Dat zijn toch ook fietsen. Een fiets is een fiets. Waarom zij wel en ik niet?'

De jongemannen gaan niet in discussie met die eigenwijze man in zijn Cucchietti-pakkie.

Ik vertel over de gesloten col. Ze zeggen dat hij op 1 juni opengaat. Dan komen de sneeuwschuivers en die maken de weg begaanbaar.

Ik zwijg.

De jonge douaniers bekijken geïnteresseerd mijn rossonero, die zich van zijn mooiste zijde toont in deze penibele situatie.

Na enige tijd vraagt de dikste van de twee: 'Waar bent u op weg naartoe?'

'Naar Nederland, via Zwitserland, Frankrijk, Luxemburg en België.'

'Dat is een heel eind…'

'Ja, daarom moet ik ook door de tunnel…'

'En waar komt u vandaan?'

'Uit Piemonte. Uit Dronero, kennen jullie dat?'
'Nee.'
'Vlak bij Cuneo.'
'Ja, dat ken ik.'

Ik vertel dat ik een belofte ben nagekomen, een nieuwe fiets heb gekocht en hem naar huis rij. De douaniers ontspannen zichtbaar en staren naar mijn Cucchietti. Ik zie lichte ontroering. Sentimentalisti zijn overal.

Ze vragen wat er zo speciaal aan deze fiets is. Ik zeg dat-ie 100 procent Italiaans is, maar dat het meest bijzondere is dat we samen een geschiedenis aan het schrijven zijn.

Ze knikken begrijpend.

Ik zeg na korte tijd: 'Maar wat nu?'

'Je mag er echt niet door,' is hun resolute antwoord.

'En kunnen jullie de tunnel niet even afsluiten, er is toch nauwelijks verkeer?'

Ze lachen.

'Ik meen het. Als ik hard fiets, ben ik in tien minuten door de tunnel.'

Ze schudden beslist het hoofd.

'En als ik een vrachtwagen vraag of mijn fiets achterin mag en ik in de cabine?'

Ze kijken elkaar aan.

'Daar hebben wij persoonlijk geen bezwaar tegen, maar dat moeten we even aan onze baas vragen.'

Ze lopen weg.

Ik stal mijn fiets tegen de muur en wacht buiten. Ik begin het verdomd koud te krijgen. Op kantoor zie ik de douaniers bellen. Flarden geluid dringen tot me door. Ik probeer een beetje medelijden op te wekken. Iemand te zijn die je niet snel terugstuurt het dal in. Een verdwaalde man met een missie. Een vriend van de Giro, van het Italiaanse volk en van douaniers op afgelegen posten.

Na een paar minuten komen ze naar me toe. Ze kijken serieus, maar glimlachen als ze vlakbij zijn: 'Het is goed.' Ik ben opgelucht, maar nog niet gerust, want er rijden nauwelijks vrachtwagens. Bovendien is het nog maar de vraag of die chauffeurs een stinkende Hollandse fietser in hun cabine willen hebben.

Ik bedank de douane en vraag hoe het zit met hun Zwitserse collega's. Kunnen zij me alsnog eruit halen wegens overtreding van het liftverbod? Een van hen wandelt de zestig meter naar de Zwitserse grens en overlegt met de mannen die inmiddels de touringcar hebben laten vertrekken. Ze wijzen naar mij. De Italiaan komt terug, steekt zijn duim op en lacht. Met een beetje mazzel ben ik vanavond in Martigny, Zwitserland.

Ik word in een ruimte geparkeerd te midden van apparaten voor warme en koude dranken. Voor een euro krijg ik een plastic bekertje met vieze cappuccino uit de automaat. Het grote wachten is begonnen. Geen hond wil half mei door die tunnel. Behalve ik.

Om warm te worden loop ik naar het kantoortje van de douaniers, die op hun gemak formulieren zitten in te vullen. Ik pak een krant van het bureau en lees regionaal sportnieuws. We praten over voetbal en de Giro. Een dure personenauto met Zwitsers kenteken passeert met vier goed geklede bejaarden aan boord. Dan weer tien minuten niets. Ik besluit zelf bij de witte stopstreep op de uitkijk te gaan staan. Douanier in wielerbroek.

Na een half uur komt een wit koeriersbusje aanrijden. Ik steek mijn hand op. Hij stopt. De behulpzame douaniers snellen vanachter hun bureau naar de Italiaanse chauffeur toe, controleren zijn papieren en leggen hem mijn geval uit. De hippe, ongeschoren jongen met sixties-zonnebril zegt dat hij vol zit, maar mijn vrienden van de douane willen dat eerst met eigen ogen zien. De klapdeuren van het busje gaan open en inderdaad ziet het er stampvol uit. Ik loop erheen en wijs op de smalle open ruimte tussen dak en lading.

'Als ik mijn voorwiel losmaak en mijn stuur kantel moet het net kunnen,' zeg ik beslist.

De jachtige koerier baalt van het oponthoud, maar staat enig passen en meten toe.

Italiaanse douaniershanden en Hollandse wielerhandschoentjes schuiven de rossonero voorzichtig naar binnen. Hij past precies boven de dozen met Italiaanse auto-onderdelen die de koerier naar Zweden moet brengen. De achterdeuren slaan dicht. Ik bedank in hoog tempo de Italiaanse douaniers en spring naast de speedfreak die vervolgens met bloedstollende snelheid door de tunnel scheurt.

Hoewel ik hoop dat hij beide handen aan het stuur houdt, stelt hij zich met een ferme handdruk voor als 'Edy' en vertelt dat hij zondag weer terug wil zijn in Italië. Het is nu donderdag en Zweden is nog ver. Hij rijdt dag en nacht door, slaapt af en toe twee uurtjes als hij moe is.

'Betaalt goed zeker,' vraag ik.

Hij schudt het hoofd.

'*Un lavore di merde*,' zegt hij. Een shitbaan.

In no time gaan we met gierende banden de Grote Sint-Bernhardtunnel door. Aan de andere kant van de berg blijkt de zon verdwenen. Flarden nevel hangen in het Entremontdal waarin Martigny ligt. Ondanks het aanbod van koerier Edy om de afdaling naar Martigny met hem te maken, laat ik me bij het eerste Zwitserse benzinestation afzetten.

Op het moment dat de auto ruw tot stilstand wordt gebracht, valt een regendruppel op de voorruit. En nog een. En steeds meer. Toch stap ik uit. Ik wil deze brede afdaling op de fiets doen.

Als de nieuwe fiets onbeschadigd is uitgeladen, neem ik een slok water en een koek. Schroef het wiel in de voorvork en controleer de bandenspanning.

Om de volgers op de hoogte te houden stuur ik een opgeluchte sms: *'Door tunnel dankzij aardige ragazzi van douane. Hielden koerier voor mij aan. Op naar de kaasfondue.'*

Ik haal diep adem, stap op de fiets en raas in een duikvlucht met 60 kilometer per uur naar beneden. 40 kilometer dalen over een brede weg naar Martigny. Ik heb me maanden op deze snelle afzink verheugd en het valt niet tegen. Geschikt voor zwaar vrachtverkeer en fragiele fietsers.

Maar dan worden de verdwaalde druppels lichte buitjes.
En de buitjes worden buien.
Het stortregenen begint.
En het waaien.
Storm.
Zeiknat, verkleumd en met soppende schoenen knal ik door. Geen keus. Achttien vrachtwagenbanden tegelijk spatten hun water in mijn gezicht.
Arme Cucchietti.

Omdat ik niets meer scherp zie, zet ik mijn zonnebril af. De huid van mijn voeten verschrompelt. Mijn rode windjack laat water door. Regen stroomt van mijn hoofd naar mijn nek en gutst in koude stralen over mijn rug. Het is een hel van stromend water.

Mijn dijen zijn rood van de kou. De benen malen het grote blad om het lichaam op temperatuur te houden. Ik zie ondanks de druppels dat ik met 55 kilometer per uur daal. Afstappen is zinloos. Goed opletten, niet te veel remmen, buigzaam dalen. En blijven lachen.

Zoals dat ook bij zware beklimmingen in stomende hitte gebeurt, neemt op een gegeven moment de waanzin het over van de rede. Als een vrachtwagen me bijna onder zijn wielen trekt door het vacuüm dat hij zuigt, begin ik hard te lachen. Zeker als de truck is gepasseerd en man en fiets met een zwieper bijna de goot in zijn gegooid. Ik schreeuw het uit. Voel het leven, nu de dood meefietst.

De dag slaat al vroeg aan het schemeren. Witte lichten van het stijgende verkeer weerschijnen op het natte asfalt en verblinden de drijfnatte fietser. Felle remlichten toveren in elke bocht een vage rode vlek op straat, wat de afdaling een psychedelisch karakter geeft.

Ik daal met een schamel achterlichtje door, niet te hard, maar wel in een constant tempo. Ik voel me ijzersterk en onkwetsbaar. Ik lach om het bord dat meldt dat Martigny nog 19 kilometer hiervandaan ligt.

Onder een spoorbrug neem ik een korte plaspauze. Even geen regen op mijn gezicht. Met verkrampte handen zoek ik een verschrompeld geslachtsdeel. Plassen doet pijn. Man met rood gezicht, rood jack en rode helm staat krom voor rode bakstenen. Beeldrijm in de drup.

Met een lege blaas stuur ik strak en geconcentreerd naar het natte centrum van Martigny. Ik ken dit middelgrote stadje van lome zomerse middagen als ik met vrienden lunchte op een van de vele terrassen in de zon. Vandaag geen zon, geen terrassen, geen vrienden.

Opgelucht dat het einde van de ellende in zicht is, rol ik met de loden benen los van de trappers door de hoofdstraat. De winkelende Zwitsers hebben geen oog voor de doorweekte fietser die langs hen over het asfalt spettert. Ze kijken nors onder hun paraplu's en lopen met het hoofd naar de trottoirs gericht. De kraag van hun jas hoog opgetrokken.

Om zo snel mogelijk onderdak te vinden rij ik naar het Bureau de Tourisme. Mijn fiets gaat mee naar binnen. Ik heb mijn beleefde omgangsvormen in de tunnel van de Gran San Bernardo achtergelaten, en zet mijn fiets tegen een display met toeristenfolders. Druipend vraag ik aan de dienstdoende dame of ze me aan een bed kan helpen voor vannacht.

Ze geeft me hooghartig een folder. Ik vraag naar een goede, niet te dure bed & breakfast. Ze wijst er drie aan. De eerste is vol. De tweede neemt niet op. Ik spreek het antwoordapparaat niet in.

Ik vrees dat alles hier vol is en dat ik verder moet fietsen voor een warme douche, maar het derde nummer neemt op en heeft nog een kamer vrij.

Op het aangegeven adres hangen drie bellen. De bovenste is van de familie Kutkut. 'Zeg dat wel,' denk ik.

De onderste bel heeft een mooi dingdonggeluid. Een gezette vrouw doet open. Ze heet me welkom en kijkt me hoofdschuddend aan. Ik geef een drijfnatte hand. Doe mijn soppende schoenen op het kokosmatje van de voordeur uit. Sokken ook. Mijn voeten zijn wit uitgeslagen en geribbeld. Fietshelm en handschoenen leg ik op de paraplubak. Mijn doorweekte windjack hang ik aan de kapstok in de hal.

'*Et le vélo?*' vraag ik in mijn beste Frans.

Ze kijkt met gefronst gelaat naar de vuile rossonero.

Een moeilijk momentje.

'Ik deel een binnenplaatsje met de familie Kutkut. Daar kan hij wel staan.'

'Is dat veilig?'

'De Kutkutjes zijn heel betrouwbare en nette mensen,' zegt ze.

Ik waag het erop. Ik wil uit de kleren en onder de douche.

De moederlijke hospita brengt me via de gemeenschappelijke huiskamer, met open haard en open keuken, naar mijn slaapkamer. Het is een schoonheid met hoogpolig zacht tapijt, houten wanden en houten plafond. De vrouw des huizes haalt een föhn voor haar natte gast. En oude kranten om in mijn schoenen te stoppen.

Ze zet thee terwijl ik onder de douche spring om op te warmen. Sta zo lang onder de weldadige stortbui tot alle kou uit mijn botten is getrokken. Met zachte witte handdoeken wrijf ik het verkleumde lijf goed warm. Ik kruip meteen in het uitdagende bed. De thee staat klaar op het nachtkastje. Na de eerste slok trek ik het zware donzen dekbed over mijn hoofd en zak diep weg in de zachte matras.

Buiten regent het onophoudelijk.

Na een dutje van een klein half uur sms ik naar Nederland: *'Totaal verkleumd en zeiknat de berg af gescheurd. Alles doorweekt... Kus van held op natte sokken.'*

Ik doe plastic boterhamzakjes in mijn natte schoenen en ga op zoek naar een internetcafé. Aan het einde van de Avenue de la Gare in Café Casino staan drie computers. Het ruikt er deprimerend. Een man zit alleen aan een tafeltje voor het raam, weggezakt achter een glas dood bier. De asbak vol, de ruiten nat.

Ik bestel aan de bar een bier, koop een half uur toegang tot het internet en loop naar de computers onder de trap. Passeer twee verveeld kijkende jonge meisjes in identieke kleding. Ze bekijken de slecht geklede passant op knisperende wielerschoenen. Een coureur in burger, wielrijder zonder fiets en zonder moraal. Een *nobody* op zoek naar elektronische berichten uit het land van zijn moeder.

Eenmaal ingelogd in de mailbox van mijn werkgever schrik ik van de grote hoeveelheid post. Heb meteen spijt dat ik hieraan ben begonnen, want het doorbreekt het losse ritme van de afgelopen week. Ik neem een slok bier en kijk naar de meisjes die gezelschap hebben gekregen van twee oudere mannen in zwarte leren jasjes. Ze gunnen me zelfs geen blik meer.

Ik ben hier wel, maar besta niet.

Het is half zeven. Op straat twijfelt de regen tussen miezer en mot. Ik heb een paraplu, maar gebruik hem niet. Ik negeer twee rode stoplichten en ontwijk behendig plassen en boze blikken van de wachtenden.

Ga een wijnbar binnen die La Vache Qui Vole heet. Overal koeienhuiden en inderdaad een vliegende koe aan het plafond. David Bowies 'Young Americans' klinkt zacht door de modern ingerichte zaak. Met wit krijt staan namen van Zwitserse wijnen op een schoolbord.

Ik ga met de stalen wenteltrap naar boven en vraag een tafel voor één persoon. Altijd een sneu moment. Ik krijg een tafel tegenover een half openstaand raam met uitzicht op het centrale plein van Martigny. Achter de kozijnen daalt regen neer en beschijnt oranje straatlicht een flinke boom die deint op de wind. Een plataan als tafeldame.

Ik spreek met niemand, behalve met de ober, die volgens de kassabon Fernando heet. Ik bestel een half flesje Fendant uit 2004. Zwitserse witte wijn die ik in deze streek heb leren drinken met mijn jonggestorven hartsvriend Steven de Vogel. Zijn familie heeft een huis in Villars, hier vlakbij. 's Zomers en 's winters verbleven we daar vaak om te wandelen of te skiën.

Steven was een van de beste onderzoeksjournalisten van Nederland. Controleerde de macht in dienst van *Vrij Nederland* en later voor KRO's *Reporter*. Bracht CDA-lijsttrekker Elco Brinkman ten val, ontmaskerde een zich veilig wanende oorlogsmisdadiger en onthulde de constructie waarmee (wijlen) prins Bernhard zijn Lockheed-steekpenningen veiligstelde.

Steven was een straight mens. Principieel zonder zure trekjes. Belezen, intelligent, lief, trouw, gevoelig en goedgeluimd. Hij overleed in februari 2001 na drie jaar aan een geheimzinnige bindweefselziekte te hebben geleden.

Toen we zijn kist het Utrechtse crematorium Daelwijck binnendroegen, woog hij bijna evenveel kilo's als hij oud was, vierenveertig. In de zomer na zijn dood verstrooiden vrienden en familie zijn as op zijn favoriete Zwitserse bergtop. Na drie uur sjouwen met de urn in een rugzak leegde zijn weduwe deze in de bergwind. Ze zei: 'Steven leeft zolang we elkaar vertellen wie hij was en wat hij voor ons heeft betekend.' En ze las een lang gedicht van W.H. Auden, waarvan ik me vooral de strofe herinner: *'I'll love you dear, I'll love you/ Till China and Africa meet.'*

Ik keek naar de bergkauwtjes op het rotsblok waar Steven moet hebben gezeten. Waar hij ooit genoot van de stilte en de natuur, waait nu de witte as van dat wat was.

Als de wijn wordt gebracht, proost ik stilletjes op Steven met mijn woest in de wind wiegende tafeldame. Op dat moment strijkt een merel neer op een tak. Zijn zang overstemt David Bowie met gemak.

Naast mijn bord en het rijtje zilveren bestek ligt mijn notitieboekje op het witte damast. Ik beschrijf de gebeurtenissen van vandaag. Als ik heb geschreven hoezeer ik Steven mis, kijk ik naar buiten en blijkt het vogeltje gevlogen.

Fernando brengt een salade met koude kip die tussen meloen, aardbei, rucola, tomaatjes, koriander, ananas, pijnboompitten, balsamico, paprika en kiwi ligt. Ik verkeer in een roes van de reis over bergen en door tunnels. Per slok wijn wordt het erger.

Noteer: *'De Dood fietst mee. Word er verdrietig van, maar ook blij. Voelt puur. Raakt de kern. Essentiële tocht dit. Aanrader voor iedereen die zich naar het graf spoedt in een wereld vol stress en so-called succes.'*

Ik moet denken aan de huilpartij die ik in het voorjaar van 1988 had. Op grote hoogte, tussen Mexico en Parijs. Ik las *Kees de Jongen* tijdens die reis, zesentwintig jaar oud. Ik zag mijn eigen leven in druk.

Ik begon in het boek aan het strand van Yucatán en las

hoe Kees door de bovenmeester uit de gymnastiekles werd gehaald. Er was iets met zijn vader aan de hand. Onder de tropische zon las ik dat Kees' vader een zakdoek vol bloed spuugde: ' *"Van 't hoesten natuurlijk,"* had zijn moeder gezegd. Waarop Kees begripvol reageert: *"Naar van het hoesten, nóú, dat kon je zijn. En je kon je keel best kapot hoesten ook."* '

Een ervaring die ik herkende uit de zomer van 1976. Ik ben ongerust omdat mijn vader zo lang wegblijft van het strand bij Split in Joegoslavië en ga naar zijn hotelkamer. In de badkamer staat een huilende man in zwembroek en wit onderhemd over de wastafel gebogen. Het witte keramiek is roodgekleurd. Er ligt een draadje tussen het bloed. Het donkerrode restant van de hechtingen na een longoperatie.

Papa neemt me in zijn armen en huilt verder. Mijn moeder ligt nog op het strand. Ik zeg dat het goed is dat dit gebeurt, waarschijnlijk is het zijn redding. Het hoesten zal nu stoppen, want dat touwtje was de oorzaak van alle ellende. Ik geloof het echt, ik ben vijftien.

Het bloeden stopt niet. Een dag later vertrekken we. In de zomer van 1976 rijdt vader Theo Roeleven zijn goudkleurige Volkswagen Passat van Joegoslavië naar huis. Bloed spugend achter het stuur, in de handdoek op zijn schoot. We stoppen onderweg op parkeerplaatsen om te rusten, te hoesten en nog meer bloed op te geven. Achterin twee zoontjes, eentje van acht en een van vijftien, doodsbang.

Het is het begin van zijn laatste negen maanden. De artsen concluderen dat na het verwijderen van een long de kanker verder is uitgezaaid. Behandeling zinloos.

De Boeing 747 van Air France vliegt boven de nachtelijke Atlantische Oceaan. Een verzameling slapende mensen met op stoel 28F een wakkere twintiger. Tussen de snurkende passagiers straalt een leeslampje licht. Ik vreet de pagina's. Mijn keel wordt droog. Zweet breekt me uit.

Aan boord van het verduisterde vliegtuig lees ik de alinea's waarin Kees eindelijk de slaapkamer van zijn stervende vader durft binnen te gaan.

'*"Dag pa," zei Kees héél zachtjes, en toch schrok-ie nog van z'n eigen rare stem.*

Z'n vaders hand ging strelend over Kees z'n gezicht, kriebelde over z'n haar.

"Kees-van-me," zei pa.'

In juni 1988 wordt er nog gerookt aan boord, dus ik steek een sigaret op. Met het hart kloppend in de keel lees ik met een wazig beeld verder in *Kees de Jongen*, stilletjes snikkend in een stampvolle kist. Ik doof mijn sigaret in het minuscule asbakje en leg het boek op het uitgeklapte tafeltje voor me.

Schokschouderend verdriet in een vliegtuigstoel. Niemand heeft het door.

Ik denk aan mijn vader in zijn slaapkamer. Hij staat voor de spiegel. Hij kamt de nog tamelijk volle haardos. Hij ziet een pluk haar in de tanden van de kam achterblijven. Een kale plek onthult zijn hoofdhuid.

Hij loopt naar de rand van zijn bed, gaat zitten en huilt. Uitgemergelde ellebogen steunen op de kaalgevreten botten van zijn bovenbenen.

Maar ik wil geen huilende vader. Ik wil ook geen stervende vader. Ik wil mijn lieve, grappige, stoere Ajax-vader die over hekken klimt en suppoosten geld in de hand stopt 'voor een biefstukkie'.

Het sterven is nu onvermijdelijk. Ik huil ook. Hij pakt mij vast, net als op de tribune, maar dan anders. We hossen niet. We delen verdriet. En angst, grote angst.

Nadat ik aan Fernando de rekening heb gevraagd, laat ik de laatste druppels van de dessertwijn langzaam van het glas in mijn mond druipen. Ik merk bij het opstaan dat mijn tred niet vast meer is. Ik snak ineens naar een sigaret, maar heb er geen.

Eenmaal op straat sla ik de weg in richting dik donsdek en zacht Zwitsers bed. Ik kies op mijn richtinggevoel een onbekende route langs lage flatgebouwen en keurige parkjes. Het is nog niet laat, pas half elf. De straten zijn vrijwel verlaten. Het regent niet meer.

In Bourg, de middeleeuwse wijk van Martigny, pak ik de sleutel van mijn tijdelijke verblijfplaats. Dan zie ik een in trainingspak gehulde skinhead en een meisje met zwartgeverfd haar en een leren rokje een steegje in gaan. Mijn nieuwsgierigheid is gewekt. Ik steek de handen diep in de zakken en volg het stelletje.

Ze lopen door een lange, smalle straat met grote oude stenen als plaveisel. Lage huisjes met kleine ramen. Een hoop kroegen bij elkaar. Ik hoor een collage van schlagers, opgewonden accordeons en Franse chansons.

Het is in geen enkel café gezellig druk. Als ik alle kroegen ben gepasseerd, twijfel ik of ik niet beter naar bed kan gaan. Wil morgen na Basel nog een flink stuk fietsen.

Ik moet lachen om de situatie. Surplace op een winderige straat in het donker.

'I am The Passenger, seeing things from under glass ... And he rides and rides and rides ...' Iggy Pop klinkt ge-

dempt achter het glas van café National, maar is luid genoeg als lokroep. Ik haast me naar binnen. Een muur van rook in een huiskamerachtig cafeetje. Geen enkele poging tot gezelligheid. Overal staan asbakken en er is volop licht in de zaak.

Ik koop een pakje Luckies.

De barkeeper serveert een schoteltje met een geopend pakje waar de eerste drie sigaretten stijlvol gerangschikt uitsteken. Naast het rood-witte pakje ligt een doosje lucifers. In drie talen (Frans, Duits en Italiaans) waarschuwt het Zwitserse ministerie van Volksgezondheid me dat de kwaliteit van mijn sperma door roken wordt aangetast. De ongewild kinderloze steekt er snel een op.

Ik pak mijn Moleskine en ga aan een tafeltje zitten schrijven. Noteer dat ik een man zonder maatbeker ben en dat de wijsheid diep in de kan verzonken is.

Een zwaar opgemaakte blonde vrouw op leeftijd komt de zaak binnen. Ze kust de aanwezige stamgasten. Ze gaat aan het tafeltje naast me zitten en krijgt ongevraagd een glas rode wijn geserveerd. Habituee.

Ze vraagt me een vuurtje en begint gelukkig geen gesprek. Het is een mooie nachtvlinder, tegen de zestig jaar. Ze rookt rustig en bekijkt ondertussen haar roodgelakte nagels. Slaat haar in nylons gestoken benen over elkaar en wiegt met haar lichtblauwe pumps.

De deur gaat weer open en een keurige man met een hoedje op komt binnen. Ook zo'n jaar of zestig. Hij begroet niemand en loopt linea recta naar de vrouw. Zoent haar op de wang en gaat naast haar zitten. Hij houdt zijn jas aan en bestelt een schnaps. Hij pakt haar beide handen in zijn handen en brengt ze naar zijn mond. Hij kust haar vingers teder en onderbreekt dat niet voor het gedestilleerd dat voor hem op tafel wordt gezet.

Aan de bar gaat het gesprek tussen het stelletje en de barkeeper gewoon voort. Radio Swiss Pop speelt 'Philosopher's Stone'. Niemand let op mij.

Om aanspraak te krijgen stuur ik een sms naar de jongens van de fietsclub: *'Martigny. In zwakke kroeg beland. Ze draaien Van the Man. Sigaretten gekocht. Vagabond on Tour denkt aan jullie.'*

Na drie sigaretten en drie bier vind ik het mooi geweest. Ik sla mijn notitieboek dicht en zet een stap naar de bar. De rekening ligt al klaar.

Buiten passeert langzaam een bolle man met een grote sigaar in de mond. De straatverlichting is flets oranje en in de kroeg aan de overkant dansen twee mensen een rumba. Verder is het verdomd stil in het middernachtleven van Martigny.

Ik hoor twee piepjes. Een sms komt binnen.

Drs. C. reageert op mijn bericht: *'Je daalt wel erg snel af!'*

Ook v/h Dikke Fred meldt zich: *'Ik ben trots op je. Je bent Roger de Vlaeminck. Bijnaam: Le Gitane.'*

Hoofdstuk 10

Martigny – Thann, 68 km

Waarin de Nieuwe Fiets ongewild snelverkeer wordt, kraaien angst wekken en een oude bekende de vermoeide fietser laat slapen in de kamer van Fausto Coppi.

Proestend en hoestend word ik na een onrustige nacht gewekt door een volle blaas. Drie bier en drie sigaretten vlak voor het slapengaan, dat is vragen om problemen.

Kruip traag uit bed. Open de gordijnen. Een strak blauwe Zwitserse hemel verwelkomt me. Langzaam stap ik onder de douche. Ik voel een venijnige koppijn en sta mezelf met gesloten ogen verwijten te maken.

Ik heb vannacht basisregel 2 (niet te veel alcohol), 3 (acht uur slapen) en 4 (niet roken) met voeten getreden.

Ik wijt mijn gedrag aan euforie over het voltooien van het eerste deel van mijn tocht. Ben over de Alpen, ik stap straks in de trein naar Basel en fiets dan het Franse land in. Maar misschien kwam het ook door de nabijheid van mijn lieve vriend Steven wiens as hier langs de bergtoppen waait.

De boiler is leeg als mijn hoofdpijn is gezakt. Ik trek makkelijke kleren aan en loop op kousenvoeten naar de woonkamer voor een Zwitsers ontbijt. Verse broodjes, zelfgemaakte jam, Zwitserse kaas en fijne vleeswaren. Geen hospita te bekennen. Wel een briefje waarin ze mij en mijn fiets een goede reis wenst.

Ik zet een dubbele espresso in de keuken, maak een baguette met ham voor onderweg, smeer croissants en ga voor de nog brandende haard zitten. Het houtvuur dreigt uit te gaan. Ik geef wat lucht aan de blokken waarna er vlammen oplaaien.

Ik ga naar buiten, waar mijn wielerkleren en schoenen drogen in de zon. Het is warm op het windstille pleintje van de familie Kutkut als ik op mijn sokken de droge was en mijn rossonero binnenhaal. Tijd voor vertrek. De wielerkleding gaat in de rugzak.

De IR 1714 rijdt op tijd en er is plaats in het fietsenrek van de wagon. Met het voorwiel in een haak aan het plafond en het achterwiel in een geultje geklemd, swingt mijn Cucchietti door Zwitserland.

Ik leg mijn voeten op de stoel tegenover me. Zucht diep. Drie uur en twee minuten in de trein. Heerlijk. Stuur om iets voor tienen een bericht: '*Trein rijdt weg. Op station stopte fiets pal voor postzegelautomaat. Precies genoeg Zwitserse muntjes om je een brief te sturen! Zon schijnt. Blauwe lucht. Rij nu naar Steven…*'

Bij het rechterraam van de wagon heb ik twee stoelen ter beschikking. Ik maak foto's van het bergdorpje Villars, dat in de verte een bruine vlek is tussen de bomen. Een weg kronkelt naar beneden. Hier reed ik vaak met Steven.

Op 1300 meter hoogte bezit zijn familie sinds de jaren

vijftig een houten chalet. La Tulipe Noire. Voor Steven was het huis een rustpunt in zijn door journalistiek en politiek gedomineerde leven. Hij kluste hier, werkte in de tuin, maakte 's zomers bergwandeltochten en ging er in de winter skiën.

Hier hebben we zijn as verstrooid. Een paar kilo witte poeder is al wat rest van Steven, de bijter, analyticus en harde werker. Bewonderaar van de grote Amerikaanse journalisten Tom Wicker, David Halberstam, Peter Arnett, Bob Woodward en Carl Bernstein. In zijn kleine telefoonboekje had hij in onleesbaar handschrift hun telefoonnummers staan.

Na zijn studie geschiedenis ging hij schrijven voor *Vrij Nederland*. Charlotte noemde hem 'iemand die stationair zichzelf was'. Ze heeft hem maar één keer furieus meegemaakt. 'Dat was toen *Vrij Nederland*-hoofdredacteur Joop van Tijn een primeur van Steven had geweigerd te plaatsen. De volgende dag was dat nieuws de opening van het BBC-programma *Newsnight*.'

In 1993 stapte hij over naar de nieuwe tv-rubriek *Reporter* van de KRO. Daar ontmoette ik Steven voor het eerst, tijdens een kennismakingsborrel in café Het Bonte Paard in Laren.

Het klikte meteen. We bleken gemeenschappelijke passies te hebben, zoals muziek, sport en ons werk.

Zijn eerste tv-programma maakten we samen. Een *roadmovie* langs grote steden waar D66 in het college van burgemeester en wethouders was vertegenwoordigd.

Bij Steven thuis zag ik zijn imposante boekenkast en zijn uitgebreide verzameling tijdschriften. Van zijn lijfblad *The Economist* tot *De Consumentengids* en van *Flight International* en *Aviation Weekly* tot *Newsweek* en *Voetbal International*. Grote kranten als *Le Monde* en *The International Herald Tribune* lagen naast de *Süddeutsche Zeitung* en *Die Zeit*. In zijn boekenkast stond mijn lievelingswielerboek *De Ronde van Italië* van Dino Buzzati.

In de regionale trein piept mijn telefoon tweemaal: '*Mooi dat je even met Steven bent hè. Het weer in Basel is 18 graden met zon. Morgen wisselvallig. Ik mis je...*'

We zijn Villars al voorbij als de Zwitserse conducteur zich meldt. Hij knipt vakkundig het grote biljet en loopt door. Ik kijk weer naar buiten, naar de bergtoppen, en voel een rilling.

Steven had een zeldzame auto-immuunziekte. Geen aids, zeg ik er altijd bij als mensen naar zijn doodsoorzaak vragen. Retroperitoneale fibrose, een ziekte die leidt tot verharding van het bindweefsel rond organen. Door die verharding wordt het de organen onmogelijk gemaakt te functioneren. De ziekte is zeer zeldzaam, hij komt bij 1 op 400 000 mensen voor.

Ik merkte voor het eerst dat Stevens toestand achteruitging tijdens een potje tennis in Hilversum. Hij kon geen sprintjes meer trekken, liet ballen lopen die hij vroeger wel zou terugslaan en trok na afloop met moeite de sleepnetten over de baan. Een uitgebluste man van begin veertig.

We gingen ook niet meer hardlopen in de Bilthovense bossen. De ziekte verkleinde zijn actieradius steeds meer. Maar hij ging door. Hoewel hij nauwelijks meer kon eten, behalve yoghurt met vezels, begon hij in de zomer van 2000, een half jaar voor zijn dood, nog aan het eindredacteurschap van *Zembla*, de tv-rubriek die voor hem geschapen leek.

Zwaar vermagerd, krom, bijna doorschijnend, bewoog hij zich door het gebouw. Het brein scherp als een mes, het lijf in belabberde conditie.

Ik wist dat het mis was toen hij me vroeg om zijn auto voor hem van de parkeerplaats te halen, zodat hij alleen maar naar de uitgang van het VARA/NPS-gebouw hoefde te lopen. Ik reed de auto voor, maar moest beloven het niet aan zijn vrouw Charlotte te vertellen.

Op 13 november 2000 werd hij opgenomen in het Academisch Medisch Centrum in Amsterdam. Ik bezocht hem vrijwel dagelijks met de lokale krant om hem een vrolijk moment te bezorgen. Begin januari leek het de goede kant op te gaan. Hij at weer koekjes en ander vast voedsel. Ik zag hoop gloren. Alles zou toch nog goed komen, zoals ik altijd al had gedacht.

Op 15 januari 2001 kreeg Steven een zware hersenbloeding. Die avond belde Charlotte mij. Ze vertelde dat hij acuut in aanmerking kwam voor een spoedbehandeling in een overvolle Tilburgse kliniek omdat een andere patiënt op weg naar die kliniek was overleden. Ze hebben Steven met zwaailichten van Amsterdam naar Tilburg gescheurd.

Na deze dag zou Steven nog een maand leven. Hij lag in het Amsterdams Medisch Centrum beurtelings op intensive care en op een kamer alleen. Hij kon niet meer praten of lezen. Denken waarschijnlijk wel. Het aantal bezoeken werd drastisch beperkt. Als ik mocht komen nam ik heel eigenwijs toch *Het Parool* voor hem mee. Met engelengeduld probeerden de verplegers en Charlotte met hem te praten door hem in hun hand te laten knijpen als hij 'ja' wilde zeggen als antwoord op een helder geformuleerde vraag.

Eén keer op de intensive care krijg ik angstgevoelens die vergelijkbaar zijn met het bezoek aan mijn vader in het Thorax-gebouw van het Academisch Ziekenhuis Leiden. Zelfde zenuwen, zelfde angst, zelfde pijn. Een geliefde man, een soulmate, een held die me wordt ontnomen.

Als ik de dodelijke sfeer van de intensive care betreed, voel ik niet alleen de walging maar ook de agressie van vroeger. Ik wil janken, maar doe het niet. Als ik hem beetpak vloek ik hardop. 'Godverdomme Steef, hebben ze je dan toch te pakken...'

Steven reageert alsof hij blij is dat iemand op deze manier zijn gevoelens vertolkt. Hij knijpt mijn hand bijna fijn. Dat doet hij nog een keer bij het afscheid.

Hij steekt zijn duim op en drukt die tegen de mijne.

Ik vertaal het als: 'We hebben het goed gehad, het was fijn en het zal je goed gaan.'

Het is de laatste keer dat ik Steven wakker heb gezien. In de vroege vrijdagochtend van 16 februari 2001 sterft hij. Een dag later plaatsen alle kranten het ANP-nieuwsbericht dat *'de man die voor het tv-programma* Reporter van de KRO *spraakmakende documentaires maakte, gisternacht is overleden. De Vogel bracht onder anderen* CDA-*fractievoorzitter Elco Brinkman in opspraak in de zogenaamde Arscop-affaire.'*

Op 19 februari 2001 siert zijn naam geen nieuwspagina, maar die van de familieberichten. '*Steven blijft!*' schrijven zijn vrienden. De redactie van Zembla noemt hem '*een grote persoonlijkheid: scherpzinnig, aardig, inlevend en vol originele ideeën.*' Marc Josten, eindredacteur van *Re-*

porter schrijft: *'Steven heeft bijgedragen aan de emancipatie van de journalistiek in Nederland. Van verzuilde journalistiek met gekleurde feiten naar onafhankelijke journalistiek waarin alleen de feiten tellen.'* Vrij Nederlands Elma Drayer schrijft in haar in memoriam: *'De Nederlandse onderzoeksjournalistiek is een groot, klassiek talent armer. Het is van een onbegrijpelijke oneerlijkheid.'*

Als de trein het Rhônedal al bijna heeft verlaten, denk ik aan de dankkaart van Charlotte. Het is een foto van Steven, op de top van zijn favoriete Zwitserse berg, helemaal alleen, zittend in de zon, op een rotssteen, in korte broek en lichtblauw T-shirt.
Op de achterkant van de kaart staat gedrukt:

Hee lief!
Daar ben je
Op die berg
Beetje mijmeren
In de zon

Daar, boven
Droom je mooie dingen
Over ons

'k laat je maar

dag lief
het is goed

Daaronder schrijft Charlotte in haar eigen handschrift: 'Steven hield veel van je, Dirk, je was z'n kleine broertje.'

Rustig door het landschap glijdend zie ik op mijn netvlies het vel papier waarop ik een fietstocht van Bilthoven naar Villars heb uitgeschreven. Een mooie, niet te moeilijke route, langs de Rijn en door dalen. Het uitvloeisel van een diner ter gelegenheid van Stevens veertigste verjaardag in 1996. Hij is dan nog niet ziek, maar juist beresterk. We zweren met dat groepje van zeven mannen de fietstocht te zullen maken. Ik ben dan nog veel naïever dan nu en geloof vast dat al die tafelgenoten zullen doen wat ze beloven.

Op de crematie van Steven zie ik de jongens terug. We zijn nooit gegaan.

Ik loop door de trein op weg naar de restauratiewagon. De nieuwe fiets deint losjes op de bewegingen van de zacht verende trein. We passeren een industrieterrein. Op de half gesloopte muur van een desolate fabriekshal staat in manshoge zwarte letters geschilderd: LEBE DEINE TRAUM!

In Lausanne stopt de trein op perron 7. Ik steek met fiets en bagage de drie meter over naar perron 8 waar de trein van 10.45 uur naar Basel al klaarstaat. Ik reis volgens mijn reservering met de IC 1623, vélo seul, 1 assis fenêtre, nummer 152 in rijtuig 1.

Eenmaal gezeten op raamstoel 152 vraag ik me af waarom ik al aan de keukentafel in Amsterdam zeker wist dat ik Zwitserland wil doorkruisen per trein in plaats van per fiets. Is het omdat de Ronde van Zwitserland me nooit kan boeien?

Waarschijnlijker is dat ik alleen wil rijden door landen waar een fietser aanzien en respect geniet.

De trein rijdt verder naar het drielandenpunt met Duitsland en Frankrijk. Een 'verplaatsing' noemen ze dat in de Tour de France. Ik leg de voeten op de stoel voor me en strek de benen. Ik sluit de ogen korte tijd en laat de ochtendzon zachtjes mijn rustige gezicht verwarmen.

Steven is gerust en kijkt vanaf zijn berg instemmend op me neer. Hij lacht zachtmoedig en steekt ten afscheid zijn duim naar me op. Ik bal mijn vuist.

Als we het station van Bern zijn gepasseerd, neem ik de tijd om de bagage opnieuw te ordenen. Alle kleren hangen over de lege stoelen van de coupé. Een bont stilleven raast langs Zwitserse bergmeren.

Dan ga ik op mijn gemak en met precisie de Respect 18 van Mammut weer inpakken. Na een dikke week samen ontdek ik plots een nieuw vakje in de rugzak. Ik moet glimlachen. Vanaf nu hebben we geen geheimen meer voor elkaar.

De ordening heeft vooral een psychologisch effect. Gereed maken voor de tweede helft van mijn tocht. De bergen uit, de drukte in. Ik kom geen overgewicht tegen, behalve natuurlijk die baksteen van Benjo Maso.

Ik heb geen tijd meer om me aan boord te verkleden omdat ik druk in gesprek raak met een treinsteward zonder tanden in zijn bovenkaak. Hij houdt me aan de praat met weetjes over de Zwitserse waterhuishouding. Over een kanaal tussen het Meer van Biel en dat van Neuchâtel dat het Canal de la Thielle heet.

Exact om 12.53 uur glijdt de trein het station van Basel binnen. Ik pak de fiets aan de stang voor de roltrap naar beneden en slenter zo door de grote centrale hal naar het stationsplein. Stap meteen op en peddel weg. Op de gok linksaf, de Viaduktstraße in.

Voor dit deel van mijn reis heb ik geen landkaart, maar al snel zie ik een groen bord naar Frankrijk wijzen. Ik steek een extra licht verzet en rij hallucinerend rond in de fraaie straten van Basel.

Ik volg de busbaan naar grensplaats St. Louis. Zing: 'Louie, Louie, ooh yeah, I gotta go now.' De zon schijnt, ik zit op mijn nieuwe fiets en ben blij. Genoeg gerust in de luxe trein. *An die Arbeit!*

De grensovergang met Frankrijk is een soort Checkpoint Charlie waar voornamelijk auto's met moslimachtigen worden gecontroleerd, maar waar blanke veertigers op een splinternieuwe rood-zwarte fiets mogen doorrijden zonder hun paspoort te hoeven trekken.

Ik rijd in het centrum een *schmutzig* smal steegje in. Bij de achteruitgang van McDonald's maak ik van twee ijzeren vuilcontainers op wielen een kleedhokje. Passanten komen voorbij en zien een half ontblote man tussen het afval van de hamburgergigant. Ik voel me een gestoorde zwerver. 'Dirk? Die ging toch een fiets kopen in Italië? En zou 'm naar huis trappen? Nooit meer iets van vernomen...'

Twee oudere dames met een tuttig hondje naderen klikklakkend de vuilcontainers. Ik buk en wacht tot ze de hoek om zijn, en handel dan snel en geconcentreerd. Slip uit, blote billen, wielerbroek aan, klaar. Vijf seconden.

Op naar de Vogezen, in noordelijke richting langs de Frans-Duitse grens. Heb het pittoreske stadje Thann in mijn hoofd als etappeplaats. Kilometer of zeventig hiervandaan. Moet ook zonder kaart te doen zijn.

Voor de zekerheid vraag ik in een lectuur- annex tabakszaak de weg. Men stuurt me linksaf richting Moulin Jenny. Klinkt als een luxebordeel, maar het blijkt een watermolen waar verse *jus de pommes* wordt aangeboden. Ik stuur nieuwsgierig linksaf het bedrijfsterrein op. Rollend langs wat kantoortjes kom ik in een enorme schuur met honderden kratten vol sappige appels. Een houten watermolen drijft een fruitpers aan. Een ambachtelijke idylle voor de liefhebber van vers vruchtensap.

Ik koop in het winkeltje een liter, schud de fles en neem ter plekke een paar forse teugen. De verbouwereerde verkoopster kijkt met opgetrokken wenkbrauwen toe. Ik excuseer me voor mijn dorstige gedrag en gooi de rest van de fles in mijn bidons. Vraag fris leidingwater aan Jenny om te mengen met het sap en geef de lege fles terug.

Vanaf nu gaat het zonder kaart recht noordwaarts, naar de met asfalt, beton en mensen volgestouwde moerasdelta aan de Noordzee.

Rijden zonder kaart geeft een draaierig gevoel. Elke kruising is een twijfelpunt. Ik kies vanaf hier tot Luxemburg voor de grote lijnen. Spelen is voorbij, strak koersen wordt het parool.

Maar eerst het stokbroodje ham opeten dat ik vanmorgen heb gesmeerd bij de Zwitserse hospita. Terwijl de nieuwe fiets tegen een verkeersbord richting Michelbach-le-Haut leunt, vind ik een lekker plekje tussen het koren. Ik heb net een hap genomen als drie krijsende kraaien zich melden boven de afslag waar ik kwartier maak. Ze roepen soortgenoten. In een oogwenk vliegen er zeven kraaien boven mij. En even later nog meer. Ze komen van alle kanten en draaien luidruchtig hun rondjes.

Ik heb te vaak Hitchcocks *The Birds* gezien om relaxed te blijven. Bang en boos sta ik met veel bewegingen op. Rijd richting bewoonde wereld. De kraaien volgen me. Ik trap de longen uit mijn lijf op een kort klimmetje.

Dan daal ik een dorpje binnen met idyllische witte tuinhekjes als in een andere psychologische thriller, *Blue Velvet* van David Lynch. Naast twee mannen die de plantsoenen schoffelen is een bankje. Ik knijp in de remmen en ga op dat bankje verder met mijn broodje. De kraaien durven zich hier niet te vertonen en lossen op in de lucht. Geschrokken denk ik na over de vogels en mijn kinderlijke angst.

Ik wil vandaag tot zes uur flink doortrappen om dan een leuke slaapplaats te zoeken en een bord Elzasser *Sauerkraut*. Ik volg de grote wegen en dat schiet lekker op. Het valt me op dat ik met een heel andere instelling op de fiets zit dan in de Italiaanse streken. Dat was klimmen, kijken, verwonderen, zorgvuldig fietsen, grenzen verkennen. Dit is stampen, verplaatsen, klokkijken, werken bijna. Het moet wennen zijn voor mijn Cucchietti.

Café Au Raisin ligt volgens de menukaart in Spechbach-le-Haut. In de grote, lege zaak zitten twee gepensioneerde boeren kromgebogen achter een borrel. Housemuziek klinkt.

De cappuccino lijkt in niets op die van een paar dagen geleden. Dit is echt gore koffie, met nepmelk en veel water, drab zoals die ook vaak in de Nederlandse horeca wordt geschonken.

Desondanks maak ik een vriendelijk praatje met de jonge barkeeper. Hij draagt een gouden halsketting en een groen petje met een tractormerk erop. Ik merk dat ik het fijn vind om weer eens met iemand te praten. De man rookt onophoudelijk en praat een dialect waarin Frans met Duits is getrouwd.

Na het praatje met de kettingroker ga ik aan een tafeltje zitten om de boertjes te observeren. Zie in een lokale krant dat de weersverwachting voor de Vogezen niet erg stabiel is. Mijn oog valt op een advertentie waarin busmaatschappij Chopin op rijm adverteert: *'Notre métier: vous transporter.'*

Ik moet denken aan de wagen van het mobiele zuivelbedrijf Zwanikken uit Laren. Men verleidt achteropkomend verkeer met de spitse tekst: *'U kunt ons wel inhalen, maar niet in kwaliteit.'* Middenstandspoëzie die mijn vader geschreven zou kunnen hebben.

Zo kan het tijdens deze tocht op elke straathoek gebeuren dat ik aan mijn vader moet denken. Maar ook in Nederland bestaat dat gevaar. Laatst nog was ik in tranen op de snelweg van Amsterdam naar Hilversum, toen in *Arbeidsvitaminen* op de radio 'Cent Mille Chansons' van Frida Boccara werd gedraaid. Een van de liedjes die we destijds draaiden op de crematie. Op dat moment zit ik weer als vijftienjarige in de volle aula van crematorium Ockenburgh. Met wazig uitzicht op een stapel bloemen en een kist met daarin je vader.

Stuur een sms-bericht naar huis: *'Nu aan het schuilen in Elzas... Ging net zo lekker, maar probeer niet weer zo nat te worden als gisteren...'*

Als het droog is, rij ik hard en onverschrokken door de boerenmiddagspits. Tractoren met hooiwagens en stinkende vrachtwagens vol varkens kruisen mijn pad. Waan me Jan Ullrich als ik even later door het heuvelland knal. Mijn bestemming is Thann, waar ik veertien jaar eerder met mijn wielervrienden heb gelogeerd in een verpauperd hotelletje in een park. De zaak was toen net overgenomen door een enthousiast jong echtpaar dat juist een kindje had gekregen. Ik herinner me dat de mannelijke helft een blonde fransoos was en zijn vrouw een vrolijke Braziliaanse. Benieuwd of het hotel en de liefde nog bestaan.

Op de N83 geef ik vol gas. Diep in de beugels, ketting op het grote blad. Rijd strak op de witte zijlijn van deze tweebaansweg. Het Franse verkeer houdt gelukkig goed rekening met de fietser. Geeft netjes richting aan naar links en gaat met een wijde bocht om de tweewieler heen. Of blijft achter hem hangen als er geen ruimte is om te passeren.

De weg is droog, het zicht helder. In de verte zie ik witte bergen, de besneeuwde toppen van de Vogezen. Daar ga ik morgen overheen. Ik gniffel.

Na verloop van tijd beginnen automobilisten te toeteren. Niet een korte claxon, maar echt zo'n langgerekte aanhoudende toon. Ik kijk om me heen en ontdek dat ik op een snelweg fiets. Zonder dat ik het doorhad, is de N83 een vierbaans autoweg geworden. Ik ga zo hard mogelijk verder rijden over de vluchtstrook. Vermijd in volle concentratie glassplinters en rubberen resten van geklapte autobanden. De keerzijde van het rijden zonder landkaart.

Na een kilometer of zes wordt het me te link. Er komt een afslag en die neem ik. Beneden staat een zilverkleurige BMW geparkeerd. Ernaast wildplast een man. Ik vraag hem de weg naar Thann.

Iets voor zessen rijd ik op bekend terrein. Hotel du Parc bestaat nog. Wel duurder geworden, lid van de Châteaux-Hotels de France, goedkoopste kamer 99 euro, zonder ontbijt.

Ik sms mijn etappeplaats naar de wielervrienden. Eentje weet zich de naam van het zoontje te herinneren. Valentino. Een ander weet dat de Braziliaanse Rosa heet.

Ik stuur door de gietijzeren hekken het grindpad op. Plaats de Cucchietti tegen de dikke stam van een grote kastanjeboom en neem energiek de acht brede treden van de stenen trap naar de entree. De eigenaar is druk bezig met een verliefd stel dat afspraken komt maken om hier hun *mariage* te houden. Een grote agenda ligt op tafel. Getallen en gerechten worden opgeschreven. Ik zie dat het nog steeds dezelfde blonde jongen is als bij ons bezoek in 1992.

Ik slenter een beetje ongemakkelijk in mijn wielerpakje door de hal van de gerestaureerde villa. Ik zie dat het op 14 juli 1921 voor het eerst als hotel in gebruik werd genomen. Voor de Eerste Wereldoorlog diende het als woonhuis voor een grootindustrieel. Tijdens La Grande Guerre was het gebouw door bombardementen zwaar verwoest.

Nu alles weer in oude glorie is hersteld, prijst Hotel du Parc zichzelf terecht aan als 'romantique'. Kroonluchters, antieke houten stoelen en tafels. Grote smaakvolle bloemstukken, spiegels in gouden lijsten, zachtgeel gepleisterde muren vol gipsen ornamenten.

Eigenaar Didier herinnert zich vaag die fietsers uit 1992 en inderdaad heet zijn zoon Valentino en zijn vrouw Rosa, eigenlijk Rosangela. Ze zitten momenteel bij de schoonfamilie in Brazilië. Didier vindt het leuk dat een gast van het eerste uur terugkeert.

Een half uur later zing ik in de jacuzzi van het hotel luidkeels 'China Girl' met David Bowie mee. Na een rondje sauna brul ik 'Let's dance'. Daarna 'Tainted Love' van Soft Cell.

Het voelt alsof ik het heb verdiend, na de natte ellende in de afzink van gisteren.

Vandaag is alles anders. Een soezelige verplaatsing per trein en daarna een strakke rit naar dit wellnessparadijs. Vanaf morgen is het uit met de pret. Eerst over het middengebergte van de Vogezen. Over cols die hier ballonnen heten, naar de ronde vormen die ze hebben. Grand Ballon, Petit Ballon, Ballon d'Alsace. Hoewel ze verraderlijk steil kunnen zijn, is het kinderspel vergeleken bij de Alpenreuzen. Na maximaal 10 kilometer klimmen ben je boven. Bij normaal weer is het goed te doen. Lekker zelfs. Bovendien heb ik hier al vaker gefietst.

In augustus 1992 rijd ik in de mist als eerste van ons fietsgroepje de Grand Ballon op. Veel zuurstof, sterke benen, eenendertig jaar oud, weinig gewicht. De Wesp zit in mijn wiel. Voor het eerst in mijn leven fiets ik met een koptelefoon op. De walkman in mijn rennersshirt draait een cassettebandje met Iggy Pop. 'God's own garbage man' schreeuwt me vanaf het podium van The Channel in Boston de berg op. Doping die niet op de lijst met verboden middelen staat. Zouden profs ook eens moeten proberen.

De volgende dag stap ik af. De kou op de Ballon d'Alsace is zo ernstig dat ik tijdens de afdaling de vingers niet meer om de remmen geklemd kan houden. Dalen is te gevaarlijk. Ik stop drie keer om kracht in de vingers te masseren.

Samen met drs. C. duik ik rond het middaguur een bar

in om onze door wind en regen verkleumde lijven te warmen aan cognac. We stappen niet meer op.

De Vlo is ook een kroeg in gedoken met de vraag of hij zich even mag opwarmen. Vervolgens hebben de eigenares en haar dochter hem ontkleed, in een deken gewikkeld en in hun huiskamer voor de houtkachel gezet. De dochter brengt hem soep, wijn, kaas en brood terwijl haar moeder zijn doorweekte wielerkleding op een droogrek voor de gietijzeren potkachel hangt.

Veertien jaar later lig ik moederziel alleen in een bruisend bad. Morgen solo door de Vogezen. Verheug me op die slingerende droomweg over de kammen van het gebergte, de fameuze Route des Crêtes. Waar je met rugwind hoge snelheden kan halen en op sommige stukken aan twee kanten een bergdal in kijkt.

Ik maak een fietsvriend deelgenoot van mijn luxe positie. Krijg een sms terug: '*Dirk, heel verstandig. Jezelf martelen is onzin. Morgen lekker ballonnetjes opblazen.*'

Ik ga naar mijn luxe suite. Hij heet Fausto Coppi, naar de grote Italiaanse campionissimo. Hij zou in deze kamer geslapen hebben. Net als de naamgeefster van de suite naast de mijne, Jeanne Moreau, de Franse actrice die hier in 1962 heeft gelogeerd voor de opnames van de Truffaut-film *Jules et Jim*.

In de luxe badkamer met zwarte handdoeken en zilverzwarte tegels soigneer ik me optimaal. Bodylotion, nagels knippen, eau de toilette. Optutten voor het diner.

Mijn kledingkeuze is beperkt. Alleen de linnen zwarte broek en het zwartzijden overhemd voldoen aan de standaard voor dit hotel. De beschaafde grijs-zwarte wielerschoenen zijn gelukkig droog, zodat ik niet op badslippers de chique eetzaal hoef te betreden.

Op mijn nachtkastje trilt een sms binnen: *'De Platzerwasel! Die mag je niet missen, daar moet je overheen.'*
Ik weet niet zeker of deze 1193 meter hoge col morgen mijn pad kruist. Zo ja, dan ga ik er overheen. Zo nee, dan mis ik hem niet.

In de sfeervolle bar van het hotel vier ik met een glas pernod mijn intocht in de République Française. Paar cashewnootjes erbij, tonijnmousse wordt als amuse geserveerd. Kijk om me heen, zie een grote vaas met lelies, donkerbruin parket, klassieke stoelen, een kristallen karaf met bejaarde cognac.

Ik schrijf in mijn dagboekje: *'Mijn moeder zei na Theo's dood dat zijn ideaal was om te zwerven door de wereld. Misschien breng ik zijn dromen toch een beetje tot leven. Het bevalt goed, maar moet ik dan ook op drieënvijftig dood? Of nog eerder?'*
Ik schrik van mijn eigen woorden. Haal ik met mijn levenshaast mijn vader in? Moet ik zuiniger met mijn krachten omspringen, streven naar sterven als een oude, wijze man?

Ik bestel bij de sommelier een half flesje pinot blanc, Val St. Grégoire van de Cave Turckheim Haut-Rhin. Wijn van de streek. En mijn favoriete Badoit-bronwater.

Ik orden telefoon, pen en notitieboekje. Er komt een sms binnen uit Dronero. Het is Maria Teresa, die ik had gemeld dat ik Frankrijk veilig had bereikt. Ze schrijft: *'You are great! This experience will make you stronger and not only in your legs. Uauhh la grande France que j'adore. Good luke for tomorrow campione! Bisous MT.'*

Aan de grote tafel van het restaurant is het een dolle boel. Overduidelijk een personeelsuitje. De in strak pak gestoken baas is een knappe veertiger met een stralende lach die zijn charmante bruinogige vrouw naast zich weet. De bleke meisjes van de administratie hebben hun best gedaan er vanavond zo voordelig mogelijk uit te zien. Gewassen haren, rode lipstick en gelakte nagels. Tussen de eerste en de tweede gang gaat het drietal druk pratend richting toilet.

De jongens van het magazijn hebben thuis ook niet stilgezeten. De oudste, waarschijnlijk de chef, heeft een wit overhemd aan met keurige vouwen. Zijn lichte regenjasje hangt nonchalant over de stoel. De andere twee dragen poloshirts en hebben de haren strak naar achteren gekamd. Ze drinken bier als aperitief en roken af en toe een sigaret. Net als de vrouw van de baas overigens. Menthol.

Ook mijn vader nam het personeel van de zelfbedieningszaak eens per jaar mee uit. Eerst naar het theater, daarna met zijn allen ergens eten.

Na de maaltijd besluit ik tot een avondwandeling. In de Coppi-kamer pak ik een fleece en mijn Zwitserse sigaretten van gisteren.

Buiten staat een aardige bries en het miezert. Gelukkig slaapt mijn rossonero warm en droog in de wasruimte van het hotel. Ik loop het tuinpad af, sla rechtsaf en kom op het glimmende plein voor de kerk. Voor een vrijdagavond is het stil op straat.

Een meter of twintig verderop zie ik een man met een

leren baseballpet lopen. Hij gaat een café in. Het terras druipt in het donker, de ruiten zijn beslagen en als er iemand naar buiten komt, waait gejoel en zwarte muziek mijn kant op. James Brown. Ik kijk van dichtbij door de bewasemde ruiten van de kleine brasserie La Demi-Lune. Ik zie een dolle boel en ga snel naar binnen.

De meeste tafels zijn aan de kant geschoven zodat een dansvloertje is ontstaan. Vogels van uiteenlopende pluimage bevolken de zaak. Rockers, hippies, alternatieve Fransen en een keurig gekleed ouder echtpaar dat de tent runt. De klanten tappen zelf bier en noteren hun consumptie in een kasboek.

De hele zaak danst, behalve de onbekende fietser uit Nederland. Die trekt zich achter in de zaak terug en geniet van de onverwachte vrolijkheid en de lekkere muziek. Rookt meer dan goed voor hem is en bestelt nog maar een bier.

Aan het tafeltje naast het mijne zit een dronken stelletje lief te kussen. De vrouw bietst verlegen een sigaret. Ik geef er twee. Als ik na mijn derde bier de zaak verlaat, geef ik haar het hele pakje. Met een opgelucht gevoel verruil ik De Halve Maan voor de natte nacht.

Hoofdstuk 11

Thann – Münster, 25 km

Waarin winden waaien sterker dan de geest en de flanken van de Grand Ballon plaats bieden aan doodgewaande supporters.

Het openstaande raam klappert in de wind. Slagregens geselen Hotel du Parc.

Ik heb woelend geslapen door hoestbuien en te veel laat bier.

Om acht uur sta ik op. Chagrijnig douchen. Op kousenvoeten sluip ik naar de ontbijtzaal, met zijn magistrale ramen en een muurspiegel van minstens vijf meter breedte. Op wit linnen staan zilveren koelers met geopende flessen champagne. Voor de 'mimosa', de mix van sinaasappelsap en champagne.

Ook de rest van het ontbijtbuffet blinkt uit in overdaad. Groot assortiment kazen, vleeswaren en verse confiture. *Pain au chocolat* natuurlijk, huisgemaakte taarten en knapperige croissants. Gekookte eitjes, maar ook spek en bonen.

Het eerste Franse ontbijt van mijn trip. Ik eet veel zoetigheid in de veronderstelling dat me dat straks gaat helpen bij de beklimming. En doe rustig aan, want stil-

letjes hoop ik dat wind en regen nog gaan liggen.
 Ik pak mijn notitieboekje en noteer *the night before*. Lees daarna in de ochtendkrant dat het zwaar weer blijft. Ik besluit er vastberaden en met de kop in de wind doorheen te gaan. *Testa dura!*

Op mijn Coppi-kamer pak ik alle keurig opgedroogde kleding in plastic *laundry*-zakken om ze te beschermen tegen watersnood. Ook mijn notitieboek, paspoort, pennen en Benjo Maso berg ik waterdicht op. Mijn rood-witte mouwloze windbreker van het Canadese wielerteam Jet Fuel Coffee uit Toronto bind ik als regenhoesje om de buitenkant van de rugzak. Ik doe mijn helm op en trek windjack en wielerhandschoenen aan.
 Aldus ingepakt klauter ik de houten trap af op weg naar de receptie om bij Didier de hotelrekening te voldoen. Hij kijkt me aan met een blik die weinig vertrouwen in de goede afloop van de komende etappe verraadt. '*Are you sure you don't want to stay another night?*' vraagt hij. *I am sure* dat ik naar huis wil trappen. Weer of geen weer. Bovendien, wie zegt dat het morgen beter is?
 We nemen met een omhelzing afscheid. Hij wenst me een behouden reis en spreekt de hoop uit dat het niet weer veertien jaar duurt voordat ik terugkom. In de kelder pak ik mijn uitgeruste Cucchietti, die nu de regen in moet. Schuilend onder de kastanjeboom in de hoteltuin twijfel ik nog even. Dan stap ik op en ga.

In het dorp moet ik lang zoeken naar de *piste cyclable* naar de voet van de Grand Ballon. In de werkplaats van een Citroëngarage vraag ik de weg aan een monteur. Hij lacht: 'Ik fiets nooit, ik rijd alleen auto.'
 Ik loop met mijn natte fiets een supermarkt in. De be-

drijfsleider weet welke kant ik op moet voor het fietspad. Ik vraag de caissière een paar dunne plastic zakjes om mijn voeten tegen het regenwater te beschermen. Ik ga tussen de winkelwagentjes op de tegelvloer zitten, doe mijn wielerschoenen uit en steek mijn voeten in het plastic. De rand van het zakje vouw ik solide in mijn sok. Klanten en personeel zien het tafereel met verbazing aan. Ik haal mijn schouders op en wandel naar buiten.

Het fietspad loopt aan de overzijde van het stroompje dat Thann doorklieft. Ik passeer een goed ingepakte postbode op zijn zachtgele dienstfiets. De regen valt mee, maar dat komt vooral door het beschermende bladerdak dat over het pad hangt.

Na een kilometer of 10 kom ik bij een kruising waar een bord staat: GRAND BALLON 14 KM. Volgt een rustige rechte weg langs chalets en campings. Vals plat. En heel veel regen. Het weinige verkeer rijdt stapvoets met de koplampen aan.

Als de klim echt gaat beginnen, zie ik links van de weg een groot beeld van een mansfiguur aan een witgeschilderd houten kruis. Naast hem twee beelden van dames. *Jesus & The Maria's.*

Ik denk aan mijn geliefde in Amsterdam en aan Maria Teresa in Dronero. Twee vrouwen moedigen me aan, elk aan een uiteinde van mijn tocht. Ik hoor: *'Forza Campione, Pedala!'* En zie opbeurende sms'jes: *'Dirkie, geniet van je avontuur.'*

Het regenwater is ijzig. De luchttemperatuur is laag. Mijn benen zijn blauw van de kou. Ik heb permanent kippenvel. Mijn knieën piepen en kraken. Warme beenstukken zouden nu fijn zijn. Maar die heb ik onderweg ergens achtergelaten.

Ondanks de erbarmelijke situatie voel ik me sterk. Niets is belangrijk, niets dan het ronddraaien van trappers en het juiste liedje in de kop. Brood dient zich al aan: *'Get yourself together, stop soaking 'bout the weather...'*

Een in doorzichtig plastic ingepakte wielrenner daalt op de andere rijbaan langzaam de berg af. Waarschijnlijk vanwege verkrampte vingers. Sneller dalen zou hem uit de eerste de beste scherpe bocht laten vliegen.
Hij groet me met een hoofdknikje.
Ik knik terug.
Lotgenoten.
Een minuut later komt er weer een coureur voorzichtig naar beneden rollen. Wapperend en klapperend wit plastic om het in felle kleuren gestoken lijf. Rood aangelopen hoofd, angst in de ogen. Hij groet niet, heeft slechts oog voor de zeiknatte weg.
Na hem komt een groepje van drie naar beneden glijden. Gezichten staan op onweer, het lachen vergaan. Ik zie blauw aangelopen benen. Drie bochten lang denk ik na over het leed dat zojuist is gepasseerd. Mijn eigen lot laat ik wijselijk buiten beschouwing.

Bij de Col Amic, op 828 meter, halverwege de beklimming van de Grand Ballon, stop ik even. Ik wil deze barre situatie vastleggen. De in plastic zakjes verpakte voeten die knisperend tot hier droog zijn gebleven. De kou op mijn gezicht, de wind en andere ellende.
Het uitpakken van het in plastic verpakte fototoestel is een hele klus. Uiteindelijk maak ik drie bewogen foto's die de sfeer uitstekend verbeelden.

Als ik klaar ben zie ik wandelaars die in auto's op de parkeerplaats aan de overzijde van de weg op beter weer wachten. Af en toe wissen ze de beslagen autoruiten. Ik stap op en praat mezelf moed in.

Mijn knieën zijn niet blij met het oponthoud. Het kost veel moeite de boel weer aan het draaien te krijgen. Vooral omdat het wegdek niet meehelpt. Steiler dan steil en een meedogenloze tegenwind. Het zicht is beperkt door flarden mist die langswaaien.

Ik roep Iggy aan voor hulp: *'The tits are amazing and everyone's gazing at some body part – that's the nature of art in butt town.'*

Inwendig zingen helpt. Het verdooft. Ik sta stil, val bijna om, maar het hoofd zingt door. Ik ga staan op de pedalen, gooi mijn lichaamsgewicht in de strijd. Hier en nu komt het aan op beuken, verstand uitschakelen, zingen, tellen en vloeken. Ik tel de omwentelingen. Een, twee, drie, vier. Bij vier ga ik weer naar een.

Ik slinger over de weg omdat zigzaggen de hoek van de helling verkleint. De rugzak begint zwaar te worden. De plastic zakjes om mijn voeten zijn gescheurd en houden geen regenwater meer tegen.

Dit is zo waanzinnig dat het lekker wordt. Raak in gesprek met mezelf: Wat doe je hier, Dirk? Hoever is die *fucking* top nog? En dan? Koffie met gebak? Haardvuur? Droge kleren?

Ik neem een slok uit de bidon. Ik heb geen dorst, maar hou me aan het zojuist bedachte schemaatje om elke vijftien minuten een slok te nemen. Want ook al is het koud en nat, het lichaam zweet en het heeft vocht nodig. Om de hongerklop voor te blijven neem ik elke dertig minuten een hapje van een mueslireep. Ritme van het lijden.

Ik denk aan mannen als Theofiel Middelkamp en Albert Gijsen. Coureurs uit de jaren dertig van de vorige eeuw. Middelkamp was in 1936 de eerste Nederlander die een etappe won in de Tour de France. IJzersterke wielrenners die ik nog vlak voor hun dood heb ontmoet.

Ze vertelden dat ze voor '36 nog nooit in Frankrijk waren geweest. En dat ze de avond voor vertrek van de Tour in Parijs nog naar een nachtclub gingen waar Josephine Baker optrad. 'Mooie meiden met *bleute* konten,' zei Middelkamp daarover. 'We dronken wijn als water. Een liter de man. We moesten al snel de bergen in, over grindpaden zonder asfalt. En we hadden nog nooit iets gezien dat hoger was dan een molshoop,' zei zijn metgezel Gijsen, ook afkomstig van *les plats pays* van West-Brabant en Zeeuws-Vlaanderen.

Mijn geest neemt de macht over. Het lichaam volgt zonder protest. Draaien, malen, ademen, tellen. Cadans, in trance. Loom en onverschillig.

Geen diepe gedachte komt boven. Alles is primair. Een rode fiets, zwart nat asfalt, snoeiharde wind, ijzige kou, blauwe benen, riviertjes van regenwater, zware rugzak, zeiknatte schoenen, verrimpelde voeten. *C'est tout.*

Dan gebeurt iets geks. Een kilometer of drie onder de top. Op een stuk vals plat tussen de bomen komt een enorme flard mist over de weg mijn kant op drijven. Als ik die mist in fiets zie ik overledenen staan die ik liefhad, mijn vader voorop. Daarnaast Steven en Mariska. Ze moedigen me luidkeels aan, staand in die mist, aan de kant van de weg.

De doden op mijn pad. Ze staan er echt en niemand zal me geloven. Ze roepen, zwaaien, juichen met gebalde vuist. Ieder apart, op een meter of drie van elkaar. Dit alles in slow motion... Zoals in het echt, op tv. Hup Dirk!

Een siddering gaat door mijn lijf. Ik voel heel kort tranen komen. Een geheime afspraak. Niemand in de buurt, extreem weer. Zij zijn trots, ik ben trots. Zij zijn dood. Ik niet.

In de bocht die volgt breek ik bijna. De wind komt op deze hoogte van verre aanrazen en is zo krachtig dat zelfs flexibele reclamezuilen permanent plat op de grond worden gedrukt. Ik zwalk over de weg. Zware takken breken van bomen. Ik duw mijn klagende rossonero naar de top. Als er een bepalend moment is waarop de band tussen mij en mijn fiets voorgoed wordt bezegeld, dan is het hier.

Dan raak ik in de goot naast de weg. Ik kan nog net afstappen voordat ik val. Capitulatie.

Nog 1 kilometer tot de top.

Een langzaam rijdende auto met Nederlands kenteken komt water spetterend voorbij. Stopt na een meter of tien. En rijdt achteruit. De berijder, een jongeman van rond de dertig, opent elektrisch zijn rechterraam en vraagt in het Engels of ik 'allright' ben. Ik murmel in het Nederlands dat het wel gaat. Hij stapt toch uit, opent de achterklep en werpt me een handdoek toe: 'Leg je fiets maar achterin, want dit is gekkenwerk.'

Hij duldt geen tegenspraak. Ik droog mijn haren met de handdoek en zie hoe de man mijn fiets resoluut achterin legt, bovenop een andere racefiets. De zijne.

Ik stap rillend in de comfortabele cabine van zijn Toyota-fourwheeldrive en bedank hem voor zijn hulp. 'Graag gedaan,' zegt hij. 'Ik ben zelf vandaag maar niet gaan fietsen, want het is echt veel te gevaarlijk. De kranten stonden vanmorgen vol met berichten dat er noodweer zat aan te komen.'

Hij blijkt een coureur te zijn, op hoogtestage in de Vogezen. 'Ik kan bij de amateurs aardig meekomen, maar mijn rol in het wielerwereldje komt toch vooral neer op pelotonvulling. Ik sta hier in de buurt op een camping en train elke dag als voorbereiding op de *Marmotte*.'

Dankzij Els Lansdorp, een stoere vriendin die deze monstertocht heeft gereden, weet ik dat hij 174 kilometer lang is en over drie zware cols (Glandon, Télégraphe, Galibier) gaat. De finish is op Alpe d'Huez.

Ik ben even stil. Dan zeg ik dat hij me boven op de col wel kan afzetten. Dan trakteer ik hem op koffie, warm daar op en doe droge kleren aan. Als ik dan weer op krachten ben, vervolg ik mijn weg over de Route des Crêtes.

'Dacht 't niet. Ik laat je hier niet afdalen. Het is echt levensgevaarlijk. Tegenliggers zien je niet in die mist. En die wind is vreselijk link. Waanzin is het.'

Ik begin te klappertanden. De autoruiten beslaan. Kachel en ventilator gaan op maximaal.

Als we het restaurant op de top passeren, ben ik blij dat we doorrijden. De enorme parkeerplaats telt twee auto's en er waait een poolwind rond het gebouwtje. Dan liever verder praten met een landgenoot die tenminste begrijpt dat iemand in dit weer gewoon doorfietst als hij in Italië een fiets heeft gekocht en die naar huis wil rijden.

We praten over de aanschaf van een nieuwe fiets. Hij vindt het niet gek dat je daarna met fiets en al een kerk in loopt om hem te dopen. We hebben het over de weldaad van fietsen in Italië. Over de teleurstellingen bij gesloten cols. Over mijn tunnelavontuur boven Aosta. Over de verzopen afdaling naar Martigny.

Hij vindt me een beetje roekeloos, ook in de planning van de trip. 'Mei is best vroeg in het jaar, je had kunnen weten dat er dan nog sneeuw ligt op passen boven 2000 meter.'

Na een kilometer of tien verlaten we de Route des Crêtes en slaan we rechtsaf de D27 op.

De weg stijgt alweer. Als we zigzaggend langs afgebroken takken en omgewaaide bomen de top bereiken moet ik lachen om een bord in de berm dat meldt dat we hier op 1193 meter de Col du Platzerwasel passeren. Ik denk terug aan de sms van een wielervriend annex Vogezenkenner die schreef dat ik die col vooral moest bedwingen. Gedaan dus. Ik wil eigenlijk stoppen voor een foto, maar de ijzige kou buiten ontneemt me de lust.

We rijden de berg af. Het regent onophoudelijk en keihard. De wind giert om elke bocht. Hij besluit me naar Münster te brengen. Hij kent het plaatsje, er is veel accommodatie en het is er niet ongezellig. Ik vind alles best. Het idee van een hotel met een hete douche, een warm bed en droge kleren is hemels.

Als we Münster binnenrijden stoppen we bij het eerste hotel dat we zien. Het heet Au Val St. Grégoire. Mijn naamloze redder stapt uit en informeert of ze plaats hebben en wat het kost. Ik blijf in de warme auto wachten. Hij komt met opgestoken duim terug. Ze hebben plaats en het is betaalbaar. Ik nodig hem uit voor een kop koffie.

Hij helpt mijn arme, vernikkelde fiets uit de auto. Hij geeft mijn rugzakje aan en ik krijg een stevige hand. 'Laten we de koffie maar een keer in Nederland doen, ga jij nu maar snel onder de douche,' zegt hij terwijl ik hem zijn handdoek teruggeef.

Ik ben te slap om te protesteren. Als ik de trap naar de receptie al op ben schiet me te binnen dat ik helemaal niet weet hoe hij heet en waar ik hem kan bereiken. Ik struikel half naar beneden en kan nog net de auto tegenhouden. 'Wie ben je eigenlijk? En hoe kan ik je terugvinden?' vraag ik. Hij schrijft zijn mailadres op en zo krijgt de engel ineens een naam.

Uit de speakerboxen op de hotelbalie komt zachte jazz, de stem van Chet Baker. Overal hangen posters en gesigneerde foto's van zwarte muzikanten uit de Verenigde Staten. Blijkbaar slapen de muzikanten hier tijdens het internationale jazzfestival van Münster.

Mijn natte Cucchietti krijgt een plaatsje in de garage. Zijn berijder beweegt zich moeizaam over krakende houten trappen naar de zolderkamer van het etablissement.

Kamer 7 is een droom voor de gestrande fietser. Een knusse kamer met schuine plafonds onder de nok van het gebouw. Enorme cv-radiatoren van gietijzer, dakkapelletje aan de straatkant, raam aan de zijkant en ramen in de badkamer. Douche, wasbak en toilet. Televisie op een mooi oud dressoir. Twijfelaar in de hoek van de kamer met een wit donsdek. Op de brede, donkerbruine vloerdelen liggen tapijten, en de dunne houten muren dragen een pittoresk Frans behangetje. Zelfs is er nog plaats gevonden voor een schrijftafeltje.

Snel kleed ik me uit en ik hang de natte kleren over de radiatoren, die op volle kracht staan te pruttelen. Dan breng ik de douche op temperatuur. Alles werkt. Nog geen half uur geleden stierf ik bijna in het zadel. Nu ben ik de gebraden haan in een jazzhotel.

Ik douch tot de botten weer warm zijn. Daarna ros ik mijn rug af met de witte katoenen badhanddoek. Smeer crème op mijn gezicht, babyzalf tussen de benen en kam de gewassen haren. Terwijl de regen nog steeds tegen het zolderraam klettert, kruip ik in foetushouding, slaak een diepe zucht en val in een veilige slaap.

In de vroege middag word ik wakker. Het stortregent nog steeds en de wind beukt op de kleine raampjes. Ik vraag me af waar ik ben en betrap me op een schuldgevoel. Ik zou hier niet op klaarlichte dag moeten liggen. Ik zou door de Vogezen moeten fietsen. Ik sta op met een duf hoofd en kijk door het dakraam naar boven, richting bergen. Zie zwarte wolken, niks veranderd. Kruip weer onder het dons en pak mijn telefoon. Per sms licht ik mijn geliefden in: '*Apocalypse Now! Noodweer. Gered door* NL *man. Nu veilig...*'

Er volgt prompt een antwoord van de Amsterdamse wielervriend die me over de Platzerwasel wilde sturen. '*Jonge, jonge. Pas je een beetje op jezelf? Hier ook noodweer, wind en regen. Morgen gezond weer op!*'

In bed lig ik in een halfslaap. Probeer wat te lezen in het boek van Benjo Maso, maar na een half hoofdstuk leg ik het terzijde. Zet de tv aan. Tekenfilms, belspelletjes en MTV. Doe hem weer uit.

Liggend in bed noteer ik in mijn boekje: '*Eigenlijk ging 't vandaag fantastisch. Totale controle, duurvermogen, 14 km klim, overzichtelijk, goede airco van mijn lichaam via de rits open en dicht. En droge voeten. Voelde me een sterke, stoere fietser. Tot na de mistflarden in het bos waar ik de overledenen zag die me stonden aan te moedigen (Theo, Steven en Mariska) waardoor ik een huive-*

ring voelde en moest huilen. Mijn vader schreeuwde zich schor voor mij. Fijn om Steven weer te zien, moest denken aan de IC, *toen hij mijn hand pakte en onze duimen tegen elkaar drukte. En Mariska, mijn jong gestorven stoere collega van* Zembla, *zij stond er met gebalde vuist.'*

Terwijl ik naar het witte plafond staar denk ik aan een nachtmerrie die ik had toen ik voor het eerst alleen op reis was, in Zuid-Amerika, in 1992. Een waanzinnige droom met beelden die ik pas veertien jaar later kan plaatsen, op een zolderkamertje in de Vogezen.

De droom was op het adres Constitución 1849 in Buenos Aires, waar ik op 4 maart 1992 wakker werd bij een Argentijnse vriendin die Silvia Herredia heette.

Ik loop in de hal van een verpauperd ziekenhuis om een zieke van vierennegentig jaar te bezoeken. Ik moet daar een stap opzij zetten omdat er een rijdend ziekbed voorbijkomt met daarop een oud, uitgemergeld mens. Man of vrouw is niet te onderscheiden. Ik weet niet of ik zal doorlopen.

Ik sla over een drempel linksaf en kijk in een grote zaal waarin allemaal vliegtuigstoelen naast elkaar staan. Op de vierde rij, ongeveer in het midden van zes stoelen, zit een oude vrouw. Op stoel 37. Ze is bruiner dan de rest, maar ook heel erg uitgeteerd. Ze herkent me en steekt een hand uit. Begroet me door onze duimen tegen elkaar te drukken. We zeggen niets. Ik durf heel kort naar de rest van de zaal te kijken. Daar zitten alle mensen in witte ziekengewaden. Met holle ogen, ingevallen wangen en vel over been. Jong en oud. Zelfs een jongen met zwart haar en punkzonnebril op. Snel loop ik weg. En word wakker.

Ik stap uit bed, kleed me aan, daal de krakende houten hoteltrappen af en ga de straat op voor een late lunch en een internationale krant. Het is zwaarbewolkt, koud, maar droog. Een grote kerk met een paars dak vormt het stadshart. De kerk heet *le Temple* en op het dak is een leeg ooievaarsnest.

Lunchen kan niet meer in Münster. Ik ga voor proviand naar een delicatessenwinkel die kaas, noten en wijn verkoopt. Kies een fles witte elzaswijn uit 2003. Pinot blanc Val St. Grégoire van het huis Schoenheitz. Ik vraag de winkelier of hij de fles voor me wil openen. Erbij neem ik uiteraard münsterkaas, geitenkaas en droge worst. Bij de bakker haal ik stokbrood en een aardbeiengebakje.

In het Maison de la Presse koop ik een *International Herald Tribune*. Een portret van Ayaan Hirsi Ali siert de voorpagina. Uit een draaiende standaard pak ik Michelinkaart 62, die het gebied van hier tot aan Luxemburg bestrijkt. Verder kan ik een speciaal themanummer over *Le Petit Prince* niet laten liggen. Verschillende internationale illustratoren maken schetsen van de Kleine Prins. Een collector's item dat mee moet op de fiets. Ook al weegt het een ons.

Met de buit in een plastic zakje loop ik terug naar het hotel en sluit me vrijwillig op in de zolderkamer. Ik kijk naar NBA-basketbal en leg de fles witte wijn onder stromend koud water in de wasbak. Spreid de kaasjes en de worst uit op het dressoir en breek stukken van het brood.

Als kaas, worst en wijn na anderhalf uur op zijn, ga ik even op bed liggen. Ik probeer wakker te blijven, maar val in een diepe rust tot le Temple me wekt. Het is half zeven. Ik heb een droge mond en een duffe kop. Waggel naar de wastafel waar de etiketten van de wijnfles zijn geweekt. Drink wat, plens wat en schud het hoofd. Kijk in de spiegel en citeer Bob Fosse in de film *All That Jazz*: 'It's showtime, folks.'

Ik poets mijn tanden en denk na over het vervolg van deze dag. Ik kijk uit het raam en zie op straat een drukte van belang. Ik loop naar beneden, steek de straat over en beland op de vernissage van GPTO, de artiestennaam van Stéphanie Gassmann, een jonge kunstenares uit de streek. Ik herken tussen de gasten de man van de delicatessenzaak.

Ik neem wat alcoholvrije drank van het buffet en kijk met nog niet geheel wakkere ogen naar de naïeve kunst van deze lokale heldin. Ik zie een zwart schilderijtje met een vuurrood zwevend hart met witte vleugeltjes. Een poppetje klimt langs een touwladder naar boven om bij het hart te geraken.

Dit mee te nemen in mijn knapzak naar Amsterdam is een proeve van liefde. Maar de rugzak is al propvol, misschien kan ik het aan de buitenkant bevestigen. Ik zoek de kunstenares om de prijs te vragen. Het blijkt de nerveus rokende jonge vrouw te zijn die ik vanmiddag vanuit mijn zolderkamer over het trottoir zag benen. Ik koop het werkje, maar meenemen blijkt toch te lastig, zelfs als we het uit de lijst halen. De combinatie van olieverf en keramiek is te breekbaar voor vervoer per fiets.

Ik betaal en spreek af dat ik het later dit jaar in haar atelier kom ophalen, tijdens de zomervakantie. Ik verheug me nu al op deze afterparty van mijn fietstocht, om als Klein Duimpje met mijn geliefde de achtergelaten broodkruimels te gaan zoeken.

Als ik de Rue de Val St. Grégoire oversteek om naar mijn zolderkamer te gaan, regent het. Auto's rijden stapvoets door de schemer. Een plastic zak danst voorbij in de wind.

Ik vrees de dag van morgen.

Hoofdstuk 12

Münster – Esch-sur-Alzette, 130 km

Waarin De Grote Molen maalt en de Nieuwe Fiets bij toeval Mozart ontmoet.

Die nacht droom ik van mijn vader. Dat komt niet vaak voor, maar als het gebeurt ben ik blij. Meestal neemt hij me even in zijn armen.

Een roomwit vw-busje staat met geopende schuifdeur op een bospad. Stretchers, kampeerstoeltjes en een formica klaptafeltje staan in slagorde rond de bus. Binnen ruist een butagasstel. Er zijn pannenkoeken en er is stroop. Vader, moeder, zusjes om me heen. Ik schat mezelf een jaar of zes. Ik loop aan de hand van vader Theo naar een nabijgelegen beekje. Ik zing zacht. Hij fluit. Het is prettig warm en zonnig. Zalvende eenvoud. Nog niks aan de hand.

Ik schrik wakker en sla vanuit het bed de gordijnen open. De hemel is zwaar boven Münster. Ik laat me terugvallen op mijn hoofdkussen en zucht diep. Waar mijn vader zojuist nog leefde, is hij nu weer dood, en waar een strakblauwe lucht had moeten zijn, hangt een onheilspellend grijs.

Ik sta snel op en ga rap naar de ontbijtzaal. Een buslading Belgen zit luidruchtig te schransen, alsof het een wedstrijd is. Gelukkig liggen er nog een croissant en een plastic bakje Nutella. Ik krijg café au lait en verstop me achter de krant van gisteren.

In *l'Alsace* lees ik op pagina 24 de 'Météo' van gisteren. Snel aanwaaiende bewolking uit het westen was voorspeld die vanaf de morgen voor regen zou zorgen. De zuidwestenwind neemt gedurende de dag toe van 20 km naar 50-70 km per uur.

Zou ik mijn plan hebben aangepast als ik dit gistermorgen had gelezen? Waarschijnlijk niet. Gewoon door weer en wind gaan. Zoals vroeger, dagelijks acht kilometer van het dorp naar de stad. Trappen. *Pedala!*

Ik noteer de zachte droom van vannacht. En denk na over de ontmoeting met de doden op de berg. In het hoofd van de sentimentalista passeren momenten waarop hij zijn vaders trots had willen voelen. Een diploma-uitreiking, een grote liefde, een eerste stukje in de krant, een bedwongen berg. Of een troostende vaderhand bij kinderloosheid, jonggestorven vrienden of weggegooid geld.

Tussen Nutella en lauwe koffie treurt een man van midden veertig in de ontbijtzaal. De Belgen zijn als een kudde verdwenen richting touringcar. Ik blijf alleen achter en maak een foto van het treurige tafereel. Ik hoor mezelf diep zuchten. Ik moet hier weg.

Mijn telefoon trilt. '*Je moeder belde. Heb haar alles verteld. Over de rit en dat je de geesten zag... Ze denkt heel erg aan je moest ik zeggen. Veel liefs van haar.*'

Ik sta moeizaam op van tafel en loop naar kamer 7 om in te pakken. Buiten regent het nog steeds en ik heb geen puf om op de fiets te klimmen. Bovendien heb ik geen serieuze regenkleding bij me. Gewoon nooit rekening mee gehouden.

Ik trek mijn warmste kleren aan, betaal het hotel en wandel op mijn gemak met de fietskleren in de rugzak en de rode Cucchietti aan de hand langs de beschutte gevels van de lege straten van Münster, op weg naar het station.

Als ik de hoek om ga en op het straatnaambord *Rue de la Gare* lees, voel ik me een eersteklas loser. Moet je die stoere fietser daar zien gaan. Bang voor een regenbui, bang om nat te worden. Ik verwijt mezelf beginnersfouten in de voorbereiding. Cols die gesloten zijn, regenkleding vergeten mee te nemen.

Ik zou het liefst onzichtbaar zijn. En nog liever thuis, in het warme bed van mijn geliefde. Dit is de eerste echte crisis die ik onderweg meemaak. Erger dan afgesloten passen en striemende regenbuien.

Gisteren waande ik me nog een wilde held die de strijd aanbond met de elementen. Vandaag ben ik de sukkel. Zelfs door de regen het dal uit fietsen naar bestemming Obernai is er niet bij. Zie hem staan, onze held, op een leeg perronnetje, wachtend op een boemeltrein, naast zijn nieuwe fiets.

Vandaag geen dans over de Route des Crêtes dus. Weer een streep door wat thuis aan de keukentafel een hoogtepunt in de route leek te worden. Het blijken 'de elementen' die vorm en inhoud van een fietstocht bepalen. Maar ik maak zelf de regels.

De conductrice komt langs. Ik heb geen kaartje. Ze kijkt me onderzoekend aan en zegt: 'Je krijgt een boete wegens reizen zonder geldig plaatsbewijs.'

Ik reageer verrast en leg uit dat het loket op het stationnetje van Münster gesloten was.

'Dan had je naar mij toe moeten komen om te melden dat je geen kaartje hebt.'

Ik zeg dat ik een buitenlander ben en dat niet weet en ik lieg dat je in Nederland gewoon een kaartje kunt kopen in de trein.

Ze kijkt me aan: 'Is die fiets van jou?'

Ik zeg trots 'ja' en vertel haar dat we gisteren in de bergen halfbevroren moesten afstappen door de regen en de wind en dat we nu op weg zijn naar droge wegen.

Ze ontdooit: 'Vooruit, voor deze ene keer geef ik je geen boete. Maar voortaan eerst naar de conducteur gaan als je geen kaartje hebt.'

Ik betaal 9,30 euro voor een handgeschreven biljet naar Obernai.

Via Colmar, zegt ze er nadrukkelijk bij. Ik dank haar, mede namens de nieuwe fiets.

Met gestrekte benen volg ik het traject op de wegenkaart van Michelin. We rijden het stroomgebied van de Rijn binnen. Op de kaart staan plaatsnamen die ik ken van de etiketten van witte elzaswijnen. Turckheim, Zellenberg, Ribeauvillé.

Station Colmar is het eindpunt van het boemeltje en ik stap over in de gereedstaande trein die noordwaarts naar Straatsburg rijdt. Zwaai op het perron nog even naar de blonde conductrice.

De Cucchietti hang ik in een fietsenrek en zelf neem ik plaats op een zachte fauteuil van de SNCF. Bereid me met de wegenkaart in de hand voor op het vertrek vanaf Obernai. Hier rijden over enkele maanden ook de profs van de Tour de France. Van Obernai naar Luxemburg. De volgende dag vertrekken ze uit Esch-sur-Alzette naar Valkenburg. Die etappe wil ik ook graag rijden.

Aan de linkerkant van de trein liggen de groene bergen van de Vogezen. Ik zie zwaar weer rond de ballonnen. Denk terug aan de ellende van gisteren en heb vrede met mijn laffe streek om vandaag de trein te pakken. Wijsheid vooraf.

Ik leg de Michelinkaart weg en pak de herdenkingsuitgave van *Le Petit Prince*, de schepping van Antoine de Saint-Exupéry. Allemaal grote namen die hun liefde betuigen aan het dunne boekje dat door de schrijver zelf is voorzien van illustraties. De tekenaar van Asterix, Albert Uderzo, tekent zijn versie van de Kleine Prins, een mannetje met een rode sjaal dat op een planeet vol schapen staat. Hij vraagt de hand van de tekenaar om *s'il vous plaît* de schapen uit te gummen.

Ik lees dat Antoine de Saint-Exupéry als vierjarige zijn vader verloor en als zeventienjarige zijn broer. Een kinderpsychiater komt aan het woord: 'Hij die jong zijn vader verliest, wordt vaak zelf een uitstekende vader. Maar Saint-Exupéry kreeg geen kinderen. Het kind dat hij heeft verwekt heet le Petit Prince. Hij heeft een verdwaald kind geschapen dat doodgaat of dood is. Hierop projecteert hij zijn broer en wellicht zijn vader als kind.'

Ik leg het blad weg en noteer om 10.15 uur in mijn dagboekje dat ik hoe dan ook ga fietsen vanaf Obernai. '*2 cols over, heb ik op de kaart gezien. Daarna kom ik in het land van de Moezel. Daar is het vlakker en hopelijk ook mooier weer. Zo niet, tóch doorknallen tot een uur of zes. Het zijn gewoon werkdagen hoor!*'

Als ik na een poosje links geen Vogezen meer zie liggen, pak ik de kaart en zie tot mijn grote schrik dat we stations passeren die niet op het traject naar Obernai liggen. Vraag de moslim die ik zojuist zacht achter me hoorde bidden of hij weet welke halte Obernai is. Hij zegt dat Straatsburg het eindpunt is en dat deze trein niet langs Obernai komt.

Ik word een beetje moedeloos. De buitenwijken van Straatsburg dienen zich al aan.

Op het enorme station van Straatsburg loop ik naar de informatiebalie. Of er nog treinen gaan naar Obernai. 'Ja, maar dan moet u anderhalf uur wachten', zegt de man, 'dan kunt u beter gaan fietsen.'

Ik vraag naar vertrekkende treinen in westelijke richting. Hij zoekt en zegt: 'De eerstvolgende die voor u interessant is, vertrekt om 14.52 uur richting Metz.'

Dik drie uur wachten. Als ik wegloop zie ik op een bord dat er ook een trein naar Nancy rijdt. Dat is ook in de richting van waar ik zijn moet. Vertrekt over een dik half uur om 11.47 uur.

Ik loop naar buiten langs de bouwput op het stationsplein en zie een paar blauwe plekken in het wolkendek. Even later voel ik prikkelende zonneschijn op mijn gezicht. Ik besluit onmiddellijk per fiets te vertrekken nu het niet meer regent.

Ik loop naar een McDonald's om me op het toilet te verkleden, maar ik heb geen slot voor mijn fiets. Durf hem niet alleen te laten. Hoeren, junks, dealers en alcoholisten loeren op een rood-zwarte prooi.

Ik ga naar een patisserie. De fiets mag in de deuropening staan. Ik bestel koffie met een voedzaam taartje en ga voor het raam zitten.

Na de koffie vraag ik de banketbakker op mijn fiets te

letten. Ik ga met mijn rugzak naar de wc. Ik kleed me met moeite om in de kleine ruimte. De witte tegelvloer is vochtig van mannen die naast de pot pissen. Ik balanceer blootvoets op de bovenkant van mijn fietsschoenen. Evenwichtskunst in een stinkend toilet. Als een ander mens kom ik de koffiezaak weer binnen. Ik bedank de eigenaar en geef een goede fooi.

Buiten vloek ik luidkeels.

Regen.

Volledig gedesillusioneerd en onderhand doodmoe van mezelf en het gekmakende getwijfel, besluit ik het roer weer om te gooien. Met de trein, naar Nancy. Ik ren door de regen met de fiets aan de hand. Terug naar het stationsgebouw van Straatsburg.

Ik ga in de rij staan voor een kaartje. Zeker tien wachtenden voor me in de rij *départ immédiate/kurze Abfahrt*. Voor het eerst sinds mijn vertrek uit Amsterdam sta ik tussen allerlei ongeduldige stadsbewoners. En voor het eerst tijdens deze reis raak ik in paniek. De rij staat stil, de lokettiste heeft een handelingssnelheid onder nul en de stationsklok tikt ijzingwekkend kalm door. De rij naast me schiet lekker op, maar ik wissel niet. De Wet van Bob den Uyl indachtig gaat de reiziger namelijk altijd in de verkeerde rij staan.

Het zweet breekt me uit, want ik dreig hier een trein te missen waardoor ik toch pas om een uur of drie naar Metz kan gaan, waarmee deze hele fietsdag in het water valt. Ik heb de neiging mijn fiets over de toonbank te gooien om de tergend langzame dame tot haast te manen. Een brutale poging om met voorrang aan de balie van de andere rij te worden geholpen mislukt. Iedereen heeft haast.

Om 11.41 uur ben ik aan de beurt. Over zes minuten vertrekt de trein en perron 4 is nog een flink stuk weg. Ik moet een rood hoofd hebben van opgefokte spanning. De vrouw verhoogt haar tempo niet. Ze vraagt of ik in het bezit ben van een kortingskaart. Ik zeg '*non*' en hou verder mijn mond om geen conversatie uit te lokken.

Ze loopt weg omdat haar printer kapot is. Achter een deur staat blijkbaar een reserveprinter waar de kaartjes worden gedrukt. Ik teken snel het bonnetje van de creditcard en gris het kartonnen biljet ter waarde van 32,30 euro van de balie. Bij het wegrennen zie ik op de stationsklok dat het 11.45 uur is.

Ik spring op de Cucchietti en scheur illegaal door het station. Bij perron 4 sprint ik als een volwaardige veldrijder de trap op met de lichte stalen fiets om de schouders. Eenmaal boven spring ik weer op de fiets en spurt naar de trein. De stationschef begint fanatiek te fluiten en roept woedend '*non-non-non*'. Men mag hier niet fietsen.

Ik zie in het voorbijgaan dat deze trein inderdaad naar Nancy gaat en spring aan boord. In de verte, aan de kop van de lange trein, blaast de conducteur het teken van vertrek. De deuren sluiten. Mijn hartslag zal tegen de 180 zitten. Mijn benen trillen. Ik hijg, moet bijna kotsen, maar heb het gered.

De fiets aan het zadel voor me uit duwend, loop ik door het gangpad van vijf treinstellen naar het fietscompartiment. Daar hang ik mijn rossonero aan de haak.

Ik glimlach om de woeste avonturen die de fiets meemaakt in zijn nog jonge leven. In plaats van een rustig bestaan in de omgeving van het Piëmontese dorpje Villar San Costanzo, raast de nieuwe fiets met zijn buitenlandse berijder door treinen, tunnels, steden en stations. Soms denk ik hem te horen kreunen en klagen. Op andere momenten meen ik dat hij geniet van de vreemde capriolen die hij telkens tot een goed einde brengt. Geen saaie dienstfiets.

Ik vind mijn gereserveerde stoel in wagon 4. Om 13.14 uur komt de trein in Nancy aan, en tot die tijd ga ik genieten van het uitzicht. Ik leg mijn koude voeten op de bank voor me en staar naar het rustig passerende landschap. Er hangt een prettige stilte in het rijtuig. Mensen lezen wat en verderop wordt op gedempte zondagmiddagtoon geconverseerd.

Ik beantwoord een sms van een fietsvriend die vroeg hoe het gesteld is met het weer: *'Gekmakend dat weer. Besluit ik i.v.m. regen een trein te pakken, schijnt de zon, besluit ik te gaan verkleden voor de fiets, barst de regen los. Heb knoop doorgehakt. Young man goes west! By train...'*

Hij antwoordt per omgaande: *'Goed besluit. Dat weer is hopeloos. Je kunt je tijd beter besteden.'*

Even later dommel ik weg.

In praktische zin betekent mijn aankomst in Nancy dat ik niet de geplande Touretappe van Obernai naar Esch-sur-Alzette ga fietsen. Nu maak ik een eigen route om zo snel mogelijk in de Luxemburgse etappeplaats te zijn.

Als ik om kwart over een in Nancy aankom heb ik nog dik vierenhalf uur om in Luxemburg te geraken. Ik weet de afstand niet, maar stel dat ik met de krachtige benen die ik onderhand heb, minstens 25 kilometer per uur kan trappen, dan zal ik ruim boven de 100 kilometer kunnen komen. Kortom, we zien wel.

Bij station Nancy houdt het slechte weer op. Het wolkendek is gesloten. Het wordt fris. Ik draag mijn windjack en heb een halsdoek om. Fietsen wil ik, en wel onmiddellijk. Heb zin om als een Flandrien te stoempen en zo snel mogelijk het prachtige hart van Nancy te verlaten om op rechte paden ouderwets te knallen op de Cucchietti.

De wind is stevig, en prettig van achteren. Mijn benen tintelen van genot. Ik doe er nog een schepje bovenop. Klimmersbenen worden stayersbenen. Uren op het grote blad over provinciale wegen. Bruggen, hellinkjes en viaducten nemen alsof ze vlak zijn. Af en toe staan, weinig terugschakelen.

Ik verander de instelling van mijn fietscomputertje. In plaats van de afgelegde afstand laat ik hem vandaag uitsluitend de gemiddelde snelheid aangeven. Boven de 25 kilometer per uur blijven, dat is het doel. Dan kom ik voor donker aan in Esch.

Ik vind dit leuk. Neuroot, alles voor die 25. Waas voor de ogen, hart laten pompen en de benen in het rood. Af en toe een slokje water om te herstellen en dan weer diep in de beugels, snuivend en proestend het landschap door.

Ik ben een fietser.

Bij het dorp Pont-à-Mousson twijfel ik aan de route. Moet ik hier de rivier al oversteken, of pas bij een volgende brug ruim tien kilometer verderop? Ik verlaat de doorgaande weg en rijd de hoofdstraat in, richting rivier. Een familie in felkleurige kleding staat te praten voor een laaghangend billboard met een sepiakleurige foto erop. Het is een oude afbeelding van de historische brug waar dit dorp zijn naam aan ontleent. Een surrealistische vermenging van heden en verleden. Ik fiets terug om een foto te maken. De familie poseert geduldig.

Ik laat ze op de display van de camera de digitale foto

zien. Hun gezichten lachen. We schudden handen en ze wijzen me de juiste weg. Staand op de trappers kijk ik nog een keer om. Ze zwaaien. Zondagmiddag aan de Moselle.

Eenmaal weer op gang, blazend langs de rivier, zie ik dat het al half drie is. Ben pas een uur onderweg. Ik besluit tot een experiment. Ik neem me voor vandaag even lang te fietsen als de tijd die ik eerder dit jaar in Wenen nodig had om de Mozartmarathon te voltooien, mét chronische achillespeesblessure, in 4 uur, 39 minuten en 23 seconden.

Ik trap door. Harder en harder. Lach om mijn neurotische spel met de tijd. Controle, overzicht, inzicht. Hoe harder ik trap, hoe verder ik kom. Op de plek waar ik mijn Mozartmarathontijd bereik, zal ik een bed zoeken. Met korte pauzes meegerekend zal dat vermoedelijk rond half zeven zijn.

Ik merk dat fixatie op snelheid en gemiddelde de geest een andere kant op stuurt. Het denken wordt uitgeschakeld, alleen het parcours telt. De juiste afslag ontdekken en zo snel mogelijk na een kruispunt weer in cadans komen.

De concentratie wordt verstoord door manshoge, mysterieuze, zwartgeschilderde houten poppen langs de kant van de weg. Verderop weer een. Dan een groepje van vier in een bocht. Pas na een tijdje maakt een bord duidelijk wat hier wordt bedoeld: *Huit morts dans cette kilomètre.* Acht doden. Ik duik in de stuurbeugel en ga met forse tred voort.

Ik ben ongemerkt in een volstrekt desolate uithoek van *la douce France* beland. Hier geen tralala, geen lavendel, alpinopet of wijnvelden. Zwarte bergen van steenkolengruis, Engels aandoende straatjes met kleine arbeidershuisjes in strak gelid. Armoede, soberheid.

Gelukkig schijnt vandaag de zon, anders zou het een cliché zijn met de allure van *Coronation Street*. Veel vergaan gastarbeiderschap. Passeer pizzeria Izmir, restaurant Istanbul en een kruidenier wiens zaak Tunis heet. Ik zie de derde generatie op straat hangen.

Het is vandaag *kermesse* in de hoofdstraat van het dorpje dat ik doorkruis. Ouders met kinderen op weg naar de draaimolen. Suikerspinnen, kaneelstokken en ander zoets. Opgeschoten jeugd hangt rond met elkaar. Brommertjes, korte rokjes, lange benen en stoer rokende tieners met baseballpetjes op. Jaren vijftig, maar dan zonder vetkuiven.

Lieve, mooie eenvoud. Troostende *tristesse*.

Tijdens een lichte afdaling voel ik rumoer in de maagstreek. Een hongerklop kondigt zich aan. Het ging juist zo goed en ik wil zo veel mogelijk kilometers in 4 uur, 39 minuten en 23 seconden persen.

Bij een kroeg met schots en scheef geparkeerde pick-uptrucks voor de deur, houd ik de benen stil en rem. Ik stal mijn Cucchietti tegen een laag muurtje en stap onzeker het café binnen.

Zware mannen met stevige, ontblote onderarmen, luide rockmuziek, een flipperkast en een tv met paardensport. Ik ga aan de bar zitten en bestel een sandwich met paté en augurk, koffie en een glas water zonder prik.

Om straks geen tijd te verliezen met kaartlezen, schrijf ik de plaatsnamen en wegnummers die ik vandaag moet passeren op een briefje. Ik vouw het in drieën en stop het ter hoogte van mijn rechterdij in de binnenkant van mijn wielerbroek.

Bij het afrekenen vraagt de kroegbaas waar ik heen ga. Ik zeg: Esch-sur-Alzette. Het zegt hem niets. Blijkbaar is het nog een flink stuk trappen.

Ik ben snel weer in mijn ritme. De bosrijke weg daalt langzaam en slingert langs een beek. Op mijn klokje zie ik dat ik ondanks het glooiende terrein een gemiddelde van 26 kilometer per uur kan halen.

Als ik de grens van 4 uur passeer, vraag ik me af waar ik zal zijn als 4 uur en 39 minuten zijn verstreken? Het Mozartmarathonmoment.

Ik denk aan Wenen, hoe fijn het was om bij het Ernst Happelstadion enkele kilometers zonder publiek te lopen in een bos met om de honderd meter een luidsprekerbox waaruit de helende muziek van Wolfgang Amadeus Mozart klonk. Gedragen door muziek en dennengeur naar het einde.

Ik trap stug door. Voel me een nerd die het omringende natuurschoon vergeet en alleen maar bezig is met getallen. Ik denk aan wielerprofs die blind tegen het uurwerk fietsen als ze een dag voor aankomst in Parijs de Tour nog hopen te winnen.

Over een kwartier valt de vlag en daarna kan ik rustig uitfietsen. Ik geef alles, schakel nauwelijks en ga sommige hellingen op het buitenblad naar boven. Niks voor mij eigenlijk, de relaxte fietser die ik denk te zijn. Ik merk dat mijn Cucchietti het spel leuk vindt, maar dat het geen gewoonte moet worden. Nu even gek doen, maar morgen weer normaal, graag.

Het moment suprême nadert. Ik trap hard door als de digitale teller op mijn fietscomputertje de 4 uur 38 is gepasseerd. Ik zie mezelf als een tijdrijder diep in de beugels kort door de bocht gaan en vol risico een bij een bushalte staande touringcar passeren. Nog één minuut.

Als ik op 4 uur 39 ben, ga ik iets langzamer rijden omdat ik over drieëntwintig seconden, op exact 4.39'23" wil stoppen.

Ik stop. Knijp hard in de remmen op het moment dat de fietscomputer op het juiste getal staat. Ik lach om de situatie en wil een foto maken van de cijfertjes. Graai in de achterzak van mijn shirt naar mijn camera, en kijk naar links. Ik sta na bijna 120 kilometer knallen tegen de klok oog in oog met de beeltenis van W.A. Mozart.

Een affiche op een publicatiebord kondigt een requiem aan in de monumentale dorpskerk. Uitgerekend hier, na 4.39'23", duikt hij op. Wie speelt hier een spel met mij?

Esch-sur-Alzette is niet ver meer, het staat al een tijdje op de borden. Als coolingdown voor de vermoeide benen trap ik langzaam naar het einddoel, ten zuidwesten van de hoofdstad Luxemburg. Na 130 kilometer rijd ik het industriestadje binnen. Ik peddel door de straten waar over enkele maanden de Tour de France zal vertrekken richting Valkenburg. Niets wijst nog op de komst van het wielerspektakel.

Ik rol verder op mijn rossonero. In de gouden avondzon danst een donkerharig meisje, gekleed in een wit satijnen jurkje, met een ballon in een parkje. Trotse jonge ouders kijken toe vanaf een bankje onder een boom.

Als ik moe ben, denk ik aan het kind dat ik niet heb.

Om de hoek is een café dat Balkan heet. Voor de deur zitten mannen te roken. Daarnaast een Montenegrijnse zaak. Vandaag is de dag dat hun broeders en zusters in het vaderland per referendum hebben mogen stemmen over de onafhankelijkheid van Montenegro. De uitslag is nog niet bekend.

Een hoek verder begint de Portugese enclave. Naast een taleninstituut zitten mannen in een koffiehuis te kaarten. Veel zilverkleurige bekers achter de bar. Gewonnen prijzen met het cafévoetbalteam. De zaak staat blauw van de sigarettenrook.

Ik ben het centrum al een keer rond gereden en heb nergens een bed & breakfast of een goedkoop pension gezien. Behalve bij het station, maar dat ziet er zo mistroostig uit dat ik nog liever wat meer betaal. Ik hoor in de hal Russisch en Pools spreken. Veel gehossel hier, met hoeren, dure auto's met spoilers en lichtmetalen velgen. *Bad vibes.*

Uiteindelijk kies ik voor hotel Topaz, type modern zakenhotel. Zeventig euro inclusief ontbijt. De eigenaar belooft een ruime kamer met tv, minibar en ligbad.

Ik zwijg en stem toe. Moe.

Als ik mijn slechte humeur probeer te verdrijven met een rondje zappen, wordt het alleen maar erger. RTL4 op de buis. Voor het eerst sinds bijna twee weken hoor ik Nederlands praten. Albert Verlinde. Ik zap gauw door. Ik wil zuidwaarts, naar de Italiaanse mama's en papa's. Weg van de Luxemburgse zakelijkheid.

Na de grote schoonmaak in het zitbadje ga ik even op bed liggen. Ik voel de dijen kloppen. Ben fier op de spieren. Alle schuldgevoelens over vermeend watjesgedrag na De Hel van de Vogezen zijn verdwenen. Vandaag heb ik alles gedaan wat een fietser op een racefiets behoort te doen. Concentreren, knallen en niet kniezen. '*The eyes on the road and the hands upon the wheel*', zoals Jim Morrison zingt. Ik lig met een smile op bed. Denk aan huis en aan mijn geliefde.

Stuur een sms: *Luxemburg. Vandaag lang doorgereden. Lig weer op schema. Kom eraan!*

Een kwartier later hoor ik op straat luid toeterende auto's passeren. Ik spring op en zie een stoet voorbijtrekken met rode vlaggen uit de geopende ramen. Montenegro heeft zich zojuist onafhankelijk verklaard van Servië. Onafhankelijkheid. Daar gaat het om.

Hoofdstuk 13

Esch-sur-Alzette – Stavelot, 71 km

Waarin Luxemburg no-goarea wordt, de Nieuwe Fiets doodsangst kent en heimwee zich meldt.

Vóór de wekker gaat de telefoon. De stem van mijn geliefde die met de deur in huis valt. Willem is dood. Ging voor een schijnbaar routineuze operatie aan de darmen het ziekenhuis in. Na complicaties is hij gisteren volstrekt onverwacht overleden.

Ik breek het telefoongesprek na enig zwijgen af. Kan het niet geloven. Blijf roerloos op bed liggen en staar naar het plafond. Ik denk aan Willems laatste woorden in onze laatste mailwisseling: 'De trein gaat ook verder zonder mij, en anders ontferm ik me er in juni over. Groet en tot spoedig.'

Willem was mijn directeur. Een blozende, lieve, rondborstige man van midden vijftig met wie ik goed door één deur kon. We deelden de passie voor voetbal, muziek, media en lekker eten, bij voorkeur slowfood in Italië.

Het contact is geïntensiveerd nadat ik hem op een mooie dag tegenkwam in de statige Italiaanse badplaats Bordighera. We waren in september met de fietsjongens net begonnen aan een zesdaags rondje van Nice naar Nice en hadden Bordighera als etappeplaats gekozen.

Tijdens een voortreffelijk diner op het terras van een restaurant aan zee zag ik verderop een man zitten die sprekend op Willem leek. Ik liep richting boulevard en bekeek en passant de man van dichtbij. Het was hem. Zelden zag ik een man meer geluk uitstralen, gezeten met zijn jongere vriend op dit terras aan een tafeltje voor twee met uitzicht op zee. Goede spijzen, goede wijn en goed gezelschap.

Ik begroette hem. Wederzijds ongemak was voelbaar. We spraken kort, gaven elkaar zo snel mogelijk onze privacy terug. Hij met zijn grote liefde en ik met mijn fietsvrienden.

Bij spontane ontmoetingen op de houten trappen van het Hilversumse gebouw gingen onze gesprekken sindsdien niet meer over omroepzaken, maar vrijwel altijd over heimwee naar dat hemelse terras.

Na de douche kleed ik me aan en ga een beregend stadje in, op zoek naar de exacte route van de Touretappe van hier naar Valkenburg. De straten zijn leeg, het is maandagmorgen. Vrachtwagens bevoorraden winkels.

Ik wandel als een heroïnejunk met kleine, snelle pasjes en de handen in de broekzakken dicht langs de gevels om droog te blijven. Alleen het halveliterpak vla ontbreekt nog aan het beeld.

Bij de vvv ben ik meteen aan de beurt. In mijn beste Duits vraag ik naar de exacte route van de Touretappe naar Limburg. De bediende gaat meteen op zoek en belt wat collega's. Na een paar minuten meldt hij dat er een fax onderweg is.

Ik ga zitten, en dood de tijd met het bladeren in toeristische folders.

Om elf minuten over tien rolt de fax binnen met de vetgedrukte kop: **3ème étappe: Esch-sur-Alzette – Valkenburg, mardi 4 juillet 2006, distance: 216.5 km**

In keurige kolommen staan alle doorkomsttijden in dorpen en stadjes beschreven. Ik zoek op de lijst naar Vielsalm in de Belgische Ardennen. Volgens het routeschema van de Tour ligt die plaats 107 kilometer hiervandaan. Voor het wielerpeloton een wandeletappe van tweeënhalf uur, voor mij een flinke dagtocht.

Ik zie dat de gemiddelde snelheid van de profs in deze etappe wordt geschat op 41 tot 45 kilometer per uur. Ik denk terug aan mijn gemiddelde van 26 km per uur van gisteren. En dat mijn persoonlijk record een gemiddelde van 29 km per uur is, van mijn werk in Hilversum naar huis in Amsterdam. Met wind mee.

Ik loop in de waterkou terug naar hotel Topaz en stel de start van vandaag zo lang mogelijk uit. Het regent weer.

Ik worstel me in de wielerbroek en doe de bretels over de schouders. Het lijkt alsof de wielerkleding steeds strakker gaat zitten. Nog een paar dagen trappen en dan ben ik thuis.

Achter de balie in de kleine lobby van het hotel staat een niet onknappe vrouw van een jaar of veertig. Ik vraag haar om mijn fiets en om de rekening. Ze kijkt me aan en lacht me toe. 'Is die mooie fiets van jou? Ik zag hem vanmorgen toen ik me omkleedde beneden staan. Ik had hem wel willen stelen…'

Ik glimlach.

Ben blij voor mijn nieuwe fiets dat-ie sjans heeft met een

mooie Luxemburgse dame. Misschien heeft ze hem tijdens haar verkleedpartij in de kelder wel liefdevol betast.

Uit het kantoortje achter de receptie klinkt geschreeuw van een oudere vrouw met zwaar Italiaans accent. Tijdens het opmaken van de rekening schreeuwt de rondborstige receptioniste terug in het Italiaans. Ik voel me weer terug in Piemonte.

Moeder en dochter bekvechten over de kleindochter van twintig. Oma vindt dat de receptioniste haar kind veel meer liefde moet geven.

'Kinderen moeten veel liefde krijgen,' val ik oma bij, alsof ik verstand van zaken heb.

'Ja, maar ouders moeten ook liefde krijgen van hun kinderen,' zegt de vrouw terwijl de printer de rekening afdrukt.

Ik zwijg. Als de vrouwen me vragen of ik zelf kinderen heb, verlies ik met mijn hoofdschudden elke mogelijke autoriteit in deze kwestie.

Ik betaal en wens de vrouwen nog een fijne dag.

Bij het ophalen van mijn rossonero zie ik ter hoogte van het achterwiel een zwartleren jasje over de leuning van een stoel hangen. Op de zitting liggen hooggehakte rode laarsjes.

Ik schud mijn hoofd zachtjes. Ondeugende Italiaanse.

In Esch-sur-Alzette rijd ik net als in Thann een waterval binnen zodra ik het afdakje voor de hoteldeur verlaat. Dit keer heb ik geen plastic zakjes in mijn schoenen gedaan. Ik weet dat het betekent dat ik binnen een kwartier zeiknatte voeten heb, maar dat neem ik voor lief.

Dat voetenbad wordt wel warm en levert hooguit een verschrompelde huid op.

Ik volg het traject dat ik zojuist op de achterkant van mijn notitiebriefje van gistermiddag heb geschreven. Ik lees: Mondercange – Roedgen – Schleiwenhaff – Bertrange – Strassen – Bridel – Kopstal – Schoenfels – Ettelbrück – Fridhaff – Hoscheiderdickt – Schinkert.

Meer namen passen niet op mijn briefje, maar zo kan ik voorlopig vooruit. Steeds leer ik de volgende drie plaatsnamen uit mijn hoofd.

Esch uit komen is vuil werk. Lijnbussen gooien spatwater tegen me aan en het verkeer beweegt chaotisch over de gladde natte straten. Remlichten weerkaatsen op het wegdek. De wind waait hard. Verkeersborden zijn moeilijk te lezen, dus ik stop om bibberend aan passanten de weg te vragen.

Uiteindelijk rijd ik via de CR106 de stad uit en beland ik op de CR172 die de Tourorganisatie voor haar renners heeft uitgezocht. Ik heb koude, natte dijen en ben niet vrolijk. Vervloek mijn idee om in de maand mei een fiets te gaan kopen in Italië en ermee naar huis te rijden. Waarom niet in augustus?

Eenmaal buiten de stad is het een verademing om horizon te zien in plaats van huizen. Verderop zie ik koeien in de wei en een bosrand. Het klaart op in mijn hoofd. Ik waan me lid van een hardwerkend peloton, slingerend over pittoreske boerenweggetjes.

Ik zet mijn handen in de Gian Paolo Cucchietti-stand, denk aan de sympathieke oude Italiaanse meester en aan mijn held Theofiel Middelkamp, de eerste Nederlander die een etappe won in de Tour de France. In Grenoble 1936, na een bergetappe over onverharde wegen. Ik weet zeker dat Fiel nooit klaagde over regen, wind of koude.

Ik schiet naar beneden door een regenbos vol reusachtige varens over een weg met 7 procent dalingspercentage. Halverwege de afdaling staat een tankwagen overdwars op de weg. Ik moet vol in de remmen en raak bijna in een slip. Vlak voor de vrachtwagen kom ik vloekend tot stilstand. Ik stap af en loop langs de cabine van de inparkerende truck. De grijze chauffeur werkt hard om de weg weer vrij te krijgen. Zwijgend vervolg ik mijn koude tocht naar beneden.

Bij de brug over de rivier maak ik een koffiestop. Even bijkomen van de regen en de schrik. Ik zet mijn fiets tegen een stalen tafeltje op het terras en ga naar binnen. Het is een stil café zonder muziek. Aan de bar zitten drie oude, ongeschoren mannen die vijandig naar me kijken. Ik voel me niet welkom, behalve bij het meisje dat de koffie serveert.

Ze begroet me vriendelijk in het Frans, met een Arabisch accent. Ze ziet dat ik het koud heb en zegt dat ik best mijn shirt even droog mag föhnen op het toilet.

Ik haal een droog t-shirt uit de plastic zak in mijn rugzak en was op de wc het straatvuil van mijn gezicht. Met de föhn blaas ik mijn natte haar en wielershirt droog. Bij terugkomst knipoogt het barmeisje goedkeurend naar me.

Ik pak een sportkrant en zie een straaltje zonlicht vallen op pagina 3. Ik kijk door het raam, de weg droogt al op.

De weg gaat na de brug over de rivier weer omhoog. Ik schakel een tandje lichter en denk aan de wielerprofs die hier straks fluitend tegenop fietsen.

Het parcours van de Tour de France voert over wegen met veel vrachtverkeer. Twee diepladers komen met piepende remmen vlak achter mij tot stilstand omdat ze me net niet meer kunnen passeren. Ik slinger en vloek van angst.

Ik rijd regelmatig bijna de berm in door de zuiging van trucks en touringcars. Het maakt me banger dan het noodweer van eergisteren tijdens de eenzame beklimming van de Grand Ballon in de Vogezen. Ik voel me opgejaagd wild, rijp voor de slacht.

Op de drukke N7 naar Ettelbrück word ik rakelings gemist door een veel te hard rijdende taxi. Een seconde later dreigt de Mercedes voor mijn neus frontaal op een tegenligger te klappen. Ik stuur de berm in en rem. De rode Nissan waar hij bijna op knalt, trapt boven op de rem, raakt met piepende banden in een slip en schampt de rotswand. De taxi slingert erlangs en scheurt met hoge snelheid verder. Ik kijk in een flits van een seconde de chauffeuse van de Nissan recht in de ogen. Ik zie doodsangst en voel die zelf ook. Als zij op elkaar waren gereden, hadden ze ook mij vermorzeld.

Ik huiver. Kwetsbaarder dan een mannetje op een racefiets kun je bijna niet zijn. Ik word zo bang en kwaad dat ik besluit van het Tourtraject af te gaan. Het rijden van een profkoers op een drukke werkdag in opgefokt Luxemburg is niet te doen.

Ik denk aan de begrafenis van Ronald Levie, de sympathieke beeldarchivaris van Studio Sport. Mart Smeets spreekt een vol herdenkingscentrum toe. Ik heb een paar versleten wielerhandschoenen bij me om straks op zijn kist te leggen. Als eerbetoon aan een goed mens. Overleden op zijn racefiets, op een kruispunt in Zeewolde. Op weg naar het terrasje waar hij met zijn vrouw had afgesproken voor een middagborrel. Bij het oversteken wordt hij geschept door een busje.

Na enkele kilometers fietsen met de stress in het lijf stuur ik het keurige centrum van Ettelbrück in en rijd dwars door het uitsluitend voor voetgangers bestemde winkelgebied. Ik hoop stiekem op een agent die me laat afstappen. Heb het helemaal gehad met Luxemburg en de Luxemburgers. Het slechtste van het Waalse, Franse en Duitse volk verenigd. Ze rijden in te grote auto's op te goedkope benzine en kijken ondanks hun rijkdom chagrijnig uit de ogen.

Als ik in een boekhandel netjes vraag of mijn nieuwe fiets even binnen mag staan omdat ik geen slot heb, krijg ik na enige aarzeling toestemming van de winkelierster. Ik parkeer mijn vervuilde Cucchietti tegen de achterwand van de etalage. De vrouw achter de toonbank gebaart dat ze een oogje in het zeil zal houden. Ik ga met gerust hart de zaak in en bekijk de wegenkaart van dit gebied.

Ettelbrück ligt in een dal, aan een meanderende rivier. Ik zie dat het ondoenlijk is de route van de Tour te volgen. Rode wegen op de Michelinkaart. Te druk dus. De rustiger gele wegen hebben ook weinig te bieden, want die slingeren traag langs de rivieroever naar een kant die ik niet op wil.

Ik besluit de kaart niet te kopen en vraag de winkeldame of zij een rustig weggetje noordwaarts weet. Ze denkt na en zegt na enig nadenken: 'Nou, dat is lastig. Of je zou de trein moeten nemen naar Clervaux en daarvandaan verder moeten fietsen.'

Ik vind het een goed idee, dank haar vriendelijk voor

de stalling van de fiets en ze wijst me de weg naar het station.

Gekalmeerd wandel ik door het voetgangersgebied. Op het stationnetje koop ik bij het loket een biljet voor fiets en rijder dat in heel Luxemburg geldig is. Aan het stempel zie ik dat het vijf over drie is.

Als de internationale trein naar Luik is binnengerold, stap ik halverwege in. Behendig duw ik de fiets door het smalle gangpad. Met het zadel tussen duim en wijsvinger doorkruis ik de halve lengte van de trein zonder een passagier te raken. In de laatste wagon is een compartiment voor fietsen. Ik pak de fietsstang en bevestig het voorwiel aan een haak. Zo reist mijn rossonero in verticale positie door Luxemburg.

Door de achterruit zie ik de spoorlijn onder me door schieten. Het landschap verdwijnt in de verte. Af en toe schiet de trein met een schok door een tunnel.

Een hysterisch huilende, Duitssprekende vrouw meldt zich op het rustige achterbalkon. Ik wend mijn blik van haar af, laat het hypnotiserende uitzicht voor wat het is en ga op zoek naar een zitplaats in de wagon. Mijn nieuwe fiets laat ik bij de verwarde vrouw achter, met pijn in het hart.

Ik vergis me in het Luxemburgse spoornet en merk dat mijn halte Clervaux al voorbij is terwijl ik nog aan boord ben. Dat betekent dat ik vanaf nu strafbaar ben, want ik reis België binnen zonder geldig plaatsbewijs. Ik stap uit in Gouvy om van daar verder te fietsen naar Vielsalm, waar ik vannacht wil slapen.

Op het perron stormt het niet alleen, maar het begint ook te hagelen. Grote stenen. Ik bedenk me niet en sla een wagon verder op de knop om de treindeuren te openen en spring weer aan boord. Vanuit de verte heeft de conducteur me bezig gezien.

De trein vertrekt. Ik kijk strak naar buiten alsof ik daarmee de komst van de conducteur kan verhinderen. Van eerdere fietstochten in deze streek herken ik de dalende weg naast de spoorlijn, die eindigt bij het rangeerterrein van station Vielsalm.

De trein remt af, hagel heeft plaatsgemaakt voor felle zon en een blauwe hemel. Ik stap uit en heb het idee thuis te komen. Niet alleen dit station is bekend terrein, ook de weg die het dorpje doorsnijdt. Passeer kroegen, winkels, frietkotten en restaurants waar ik veel geld heb uitgegeven. Als bevriende aanhang van een uitgebreide Westlandse fietsfamilie bracht ik hier tussen 1985 en 2000 elk jaar het weekeinde van Hemelvaart door in gezelschap van een stuk of twintig recreëerende fietsers. Snelle jongens, maar ook mensen voor wie dit de enige fietstocht in het jaar was. Een familiefeest, met drank, praatjes en massale etentjes. Toen de vriendelijke madame van ons vaste familiehotel Les Myrtilles er de brui aan gaf, stierf ook ons jaarlijkse uitje een natuurlijke dood.

Op weg naar het hotel fiets ik door de hoofdstraat van het stadje. Als vanouds rijd ik door de vertrouwde ronde toegangspoort van Les Myrtilles. Hoeveel fietsgroepsfoto's zullen hier in de verschillende jaargangen zijn genomen?

Niets is veranderd. De kleine parkeerplaats waar we de fietsen van de auto's haalden. De altijd openstaande achterdeur. De smalle betegelde gang naar de onbemande receptie met het houten sleutelbord. De eetzaal met lange tafels voor grote gezelschappen.

Ik druk op de bel die aan de balie is vastgeschroefd en

wacht op de nieuwe eigenaars. Drentel wat, kijk de televisiekamer in waar we na de dagelijkse fietstocht verzamelden voor bier en wijn. Ik voel de geest van vrienden en bekenden. Als een minuut is verstreken, ga ik naar het toilet in de gang. Kijk in de spiegel en zie een man die nog lang niet moe is. Tijdens het wassen van mijn handen besluit ik hier weer weg te gaan.

Buiten rol ik op de fiets de poort door naar de licht dalende weg richting Trois-Ponts en Stavelot. Passeer een Spar-supermarkt en koop daar wat energiedrank en een mueslireep voor onderweg. De zon schijnt nog steeds.

Ik zit op de N68, de weg waar in juli de grote jongens van de Tourkaravaan overheen zullen denderen. In een impuls stuur ik naar rechts en verlaat de drukke weg richting Wanne. Naast de kerk val ik stil. De weg stijgt heel kort, maar heel steil in dit bochtje. Een procent of 20. Vergelijkbaar met de Keutenberg in Zuid-Limburg. Ik trek het voorwiel los van het asfalt, maar weet juist op tijd het gewicht naar voren te brengen. Deze afslag naar Wanne, een beruchte Ardennenbult uit de klassieker Luik-Bastenaken-Luik, beschouw ik als een hommage aan mijn fietsfamilie uit het Westland. In de tijd dat we hier jaarlijks fietsten was dit de scherprechter. De vraag was altijd of je de 4 kilometer lange weg naar het gehuchtje Wanne fietsend of lopend op was gekomen.

Ik zie deze klim vandaag als test van mijn nieuwe fiets. Ik ben sterker en fitter dan ooit tevoren. En ik heb nu een lichte stalen Italiaanse fiets met drie tandwielen voor en tien stuks achter. Dat er ruim 5 kilo op mijn rug rust beschouw ik als een bijzaak.

De eerste kilometers vallen mee. Mooi moment om me te prepareren op wat komen gaat. Ik eet een stuk mueslireep en drink wat zoete drank. Schakel naar een niet te licht verzet om spanning op de beenspieren te houden, zet de handen in de Cucchietti-stand. Het gaat soepel en strak. Mijn rossonero zal zich hier vast prettig voelen want veel Italiaanse coureurs hebben deze Waalse klassieker in het verleden gewonnen.

Al peddelend besef ik dat de Wanne de eerste echte klim in mijn fietsleven was. Ik heb hem daarna nog minstens vijfentwintig keer bedwongen. Maar nooit met gemak.

Meestal na een avond roken en drinken tot sluitingstijd in de horeca van Vielsalm. Met memorabele momenten, zoals die keer toen een Schotse rugbyploeg in het café stomdronken raakte en tijdens het zingen van het clublied besloot collectief de mannelijke geslachtsdelen aan de andere klanten te tonen.

De aanloop naar Côte de Wanne begint tussen de boerderijen. Een magnifiek slingerend boerenweggetje brengt me omhoog. Ik ruik het vee en ik ruik de stal. Halverwege gaat het met modder besmeurde wegdek een klein stukje naar beneden en daarna krijg ik een klap op de kuiten voor de weg naar de top. Niet lang, wel zwaar. Ik hijg en ga op de trappers staan. Hard werken hier.

Aan de hemel naderen zware wolken. Ik rijd over de Faix du Diable naar de top.

Op de finishlijn vlak voor het kleine kruispunt in Wanne voel ik dat de benen de afgelopen weken sterk zijn geworden. Ik stop hier even voor een slokje en een hapje van de mueslireep.

De afdaling is steil en snel. Ik vlieg hard naar beneden over het droge smalle weggetje. Heerlijke sensatie. Vlak voor het stadje Stavelot barst noodweer los uit een zwarte lucht. Enorme hagelstenen en harde wind. Ik stop bij een gerestaureerd klooster en schuil een minuut of tien onder de toegangspoort. Passerende automobilisten kijken me meewarig aan.

Op de hagelbui volgt een prachtige namiddagzon die mijn koude huid verwarmt. Ik maak een zelfportret tegen de zacht belichte rode bakstenen achtergrond en besluit dat het welletjes is voor vandaag. Ik rammel met een licht verzet over de natte kasseien het stadje in. Zie veel uitspanningen voor toeristen, maar weinig klandizie.

Op een met statige huizen omzoomd plein is een hotelletje gevestigd in een gerestaureerd herenhuis. Het heet La Maison en heeft in kamer 14 een slaapplaats voor de ontheemde fietser.

Kamer 14 ligt op twee hoog aan de achterzijde. Een fijnere kamer voor een man alleen is nauwelijks denkbaar. Oude houten vloerdelen. Een perfect twijfelend hotelbed, een muur van antieke ijzeren ramen met uitzicht op een oude boom en voorbijschietende wolken, vol hagel en regen. Een frisse badkamer met zachte witte handdoeken. Ik douch en was de wielerkleren.

Ga daarna mezelf verwennen, zoals ik al de hele reis doe. Voeten, kuiten en dijen krijgen een sportieve beurt. De rest van het lijf gaat gewoon zacht in het vet.

Ik laat me zakken in de witte kussens. Weldadige rust na een koude, natte dag die gelukkig warm en droog eindigt. Mijn hart klopt regelmatig. Vanaf het bed kan ik door het hoge raam kijken. In een steegje galmt hemels meisjesgezang.

Gejank van autobanden en een brullende uitlaat verpesten de paradijselijke sfeer. Ik spring op en kijk uit het raam. Een opgefokte Peugeot 105 slipt over gladde kasseien, maakt met rokende banden een pirouette van 360 graden en scheurt waggelend weg.

Het gemotoriseerde uitroepteken van een dag vol gevaren.

Hoofdstuk 14

Stavelot – Amsterdam, 117 km

Waarin een pizzeria de Nieuwe Fiets weigert, regen eindigt in Zuid-Limburg en de Nederlandse Spoorwegen lijden en liefde laat botsen.

Na een lange nacht ontwaak ik zonder wekker. Het is acht uur. Ik loop de badkamer in en ruik aan de frisse wielerkleren. Het enige dat ik al twee weken bewust ongewassen laat is het doekje dat ik om mijn hals draag. Het heeft alle zweet, regen en tranen van deze tocht in zich opgezogen en verspreidt een massieve, doorleefde geur.

Onder de warme douche laat ik de gedachten komen. Wat staat me vandaag te doen? Proberen voorbij Maastricht te komen. Dan een kaart van Nederland kopen om vanavond uit te vissen hoe ik zo stilletjes mogelijk van het zuiden naar de Randstad kom. Zie mezelf in een zachte lentezon dansen over dijkweggetjes in het land van Maas en Waal.

In de verlaten eetzaal loop ik naar een tafel aan het raam en kijk naar de met kasseien bedekte Place Saint-Remacle. Een blikken drukte, zonder enige menselijke activiteit, ontneemt het plein zijn grandeur.

Versgeperste jus d'orange wordt gebracht. Eitje erbij, charcuterie en kaas. Croissant, beschuit, bruin en wit brood. Boter, jam, marmelade. Belgische koffie met het filter op het kopje. Buiten is het bewolkt, maar droog. De waardin zegt dat voor vandaag regen is voorspeld. Ik neem het voor kennisgeving aan.

Bij het afrekenen noteer ik op de factuur: 'Aanrader.' Ik loop via de buitendeur naar de kelder waar mijn beminde reisgezel een koude nacht achter de rug heeft.

We rollen langzaam over de kasseien het plein af en gaan aan de slag. Bekende hellingen uit Luik-Bastenaken-Luik en de Amstel Gold Race liggen voor ons. Het lichaam heeft er zin in. De geest ook.

Tot Spa is het een genot. Via de bosrijke N62 scheur ik met klapperend windjack de achterkant van Spa binnen. In de hoofdstraat, bij het casino en de thermale baden, rem ik af voor een vaste pleisterplaats uit de dagen dat ik hier regelmatig fietste. Een Italiaans restaurant waar de *barista* ongetwijfeld een klassieke cappuccino voor de eenzame fietser wil bereiden.

Maar waar eens de antipasti werden geserveerd, staat nu een rij eenarmige bandieten. Het sfeervolle restaurant is een kille gokhal geworden. Spa is Spa niet meer, concludeer ik en rijd door. Dan maar geen koffie. Bij het verlaten van de gemeentegrens besluit ik Spa op te nemen in het klassement van Voortaan te Mijden Oorden. Naast Luxemburg, Den Helder, Jakarta en Terneuzen.

Het begint te miezeren. Ik rits mijn windjack wat hoger dicht en trap stug door. Het lichaam vraagt om koffie, maar ik passeer nergens een uitspanning tussen Spa en Theux, de volgende doorkomst op mijn weg naar Valkenburg. Een snackbar dan maar. Ik stop rechts van de weg op een lege parkeerplaats onder een grote eik. Het kot is onverlicht en hermetisch gesloten.

Als ik de dekking van de schuilboom heb verlaten en het gravel verruil voor het asfalt van de brede N62, voel ik miezeren veranderen in slagregen. Hemelwater stroomt langs mijn gezicht. Mijn voorwiel gooit een vies spoor van spattend straatwater tegen mijn kin. Ook achter bevuilt mijn bloedeigen Cucchietti mijn lijf. Billen en onderrug worden nat door de onafgebroken beweging van het snel draaiende achterwiel.

Als ik zeiknat en hoestend het bordje Theux passeer en links van de weg tussen verpauperde huizen een verlichte winkelruit zie, stuur ik er onmiddellijk heen. Het blijkt een geïmproviseerde bagel- en donutbakkerij. Een veredelde bushalte met statafels, tl-licht en een vunzige vitrinekoelkast met uitgedroogde vleeswaren en bleke kaas. Het koffieapparaat is buiten bedrijf.

Ik vraag aan de mollige blondine achter de toonbank of mijn fiets even binnen mag schuilen voor de regen. Ze kijkt me ongeïnteresseerd aan. Ik zie haar denken dat dat niet haar probleem is en dat zij straks die witte tegelvloer moet dweilen. Ik zet de fiets half in de deuropening en bestel een bagel met cheddar en een blikje cola. De fiets druipt tegen de deurpost. Ik pak wat servetjes en begin mezelf en mijn arme rossonero droog te wrijven. Het kauwgum kauwende meisje slaat het tafereel gade, maar reageert niet. Ze verdwijnt naar het keukentje. De klok wijst aan dat het twintig over elf is. Ik hoest en heb pijn in mijn knieën van de kou. In de verte wacht de Côte de Oneux, een klim van de derde categorie. Buiten blazen de regendruppels bellen op het asfalt.

Als ik zie dat het iets minder hard regent, betaal ik haastig en spurt weg. Het idee dat ik aan het eind van de dag in Nederland kan zijn, drijft me voort. Krijg visioenen van een warme huiskamer in een Limburgs familiehotel, met eikenhouten meubels, een leesportefeuille, Nederland 1, sloffen van de eigenaar en een glas cognac bij de houtkachel.

Maar eerst die Côte de Oneux. Hij begint al meteen na de spoorwegovergang die Theux doorsnijdt. Ik zet mijn tanden in die klim en laat niet los voor ik boven ben. Het genieten van de omgeving heb ik terzijde geschoven. Ik ben volledig geconcentreerd op mijn pedaalslag, het asfalt en potentieel gevaar. Meer is er niet.

In de afdaling naar Verviers gaat het hard. Verviers is een aantrekkelijke, vrij grote stad waar ik drie keer de weg moet vragen. Via een kronkelende, langzaam klimmende weg fiets ik de stad uit, licht trappend en inwendig zingend.

Ik laat Verviers achter me met een klimmetje van de vierde categorie, zoals de Tourorganisatie het kwalificeert. Niet steil, niet lang, maar wel even doorwerken. Het klimmetje heet Côte de Petit-Rechain, naar het dorpje waar het doorheen voert. Ik voel Valkenburg naderen en krijg een licht gevoel van binnen. Jubel het dorpje door en de heuvel af.

Van verre zie ik wolken naderen met een sluier van neervallende regen. Zelfs als de aangekondigde stortbui eenmaal is gearriveerd, blijft mijn humeur intact. Ik schuil met de stoere Cucchietti aan mijn zijde in een bushokje langs de N627. Ik dood de tijd met het maken van mooie regenfoto's en zie de zonnige kant van deze gedwongen stop.

Na een kil half uur is het weer droog en vervolg ik mijn weg, dromend van een warme middagmaaltijd in de Belgische Voerstreek. In Aubel is een pizzeria met steenoven waar ik vanuit de deuropening aan de pizzabakker vraag of hij een plekje heeft voor mij en mijn nieuwe fiets. Hij kijkt moeilijk, roept de chef. Die zegt: 'Voor u heb ik wel een tafeltje, maar die fiets mag niet binnen.' Ik zeg niets, wacht af.

De chef loopt weg. Ik probeer: 'Zonder fiets ga ik hier niet eten.' Hij antwoordt: 'Dat is dan jammer, maar het is hier geen fietsenstalling.'

Ik trap zo snel mogelijk naar Nederland.

Via een kort klimmetje met een fenomenaal uitzicht over het rechts naast me liggende dal verlaat ik Aubel. Iets verderop zie ik een enorm blauw verkeersbord met daarop de tekst WELKOM IN NEDERLAND. Ik ga er naast staan en maak met de zelfontspanner een foto. Voel een sensatie van rust en veiligheid.

Mijn dierbaren stuur ik een sms-bericht: *'Ben in NL! Zeiknat en verkleumd, op weg naar Valkenburg.'*

Prompt gaat de telefoon. Uit Amsterdam belt mijn geliefde met op de achtergrond applaudisserende collega's. Iemand roept: 'Kom onmiddellijk naar huis, lekker naast je meissie liggen.'

Ik laat de gedachte niet toe. Praat kort, want het is koud en ik wil ergens wat eten.

Een nieuwsgierige wielervriend stuurt een sms: *'Morgen koffie en nieuwe fiets kijken?'*

In Kaffee Culinair Boerenhof in De Planck knalt André Hazes uit de luidsprekers. *'In een discotheek... zat ik van de week... en ik voelde mij... daar zooooo alleen...'*

Mijn fiets en ik krijgen een hartelijk welkom. Als ik vertel dat ik uit Italië kom rijden, kijkt de waard me ongelovig aan. Ik mag mijn fiets in de verlaten serre zetten, tegen een kalkstenen zuiltje met daarop een buste van Julius Caesar. Daarna pak ik mijn rugzak. Sokken, schoenen, broek, onderhemd, wielershirt, halsdoekje en handschoenen gaan uit. Doe een droog T-shirt aan, een onderbroek, lange broek, sokken en een fleece. De natte kleren drapeer ik zorgvuldig over een stoel die ik zo dicht mogelijk tegen een verwarmingsradiator zet.

Ik ben klaar voor een bord pasta met champignons. Om de behouden terugkeer in eigen land te vieren, bestel ik er een glas rode wijn bij. De fiets is thuis. Missie bijna volbracht.

Weer een sms: *'Doorfietsen en dan drie dagen met de benen omhoog.'*

Een ouder echtpaar begint een gesprek en ik vertel honderduit over mijn tocht. De vrouw is vooral geïnteresseerd in de gevaren onderweg. De man wil alles weten van de fiets en de technische aspecten. Ik leg hem uit dat ik deze fiets rossonero noem, dat hij niet superduur is of gemaakt van buitenissige materialen. Gewoon een mooie nieuwe fiets waar ik trots op ben en waar ik in de voorbije weken een liefdesband mee heb gesmeed. De man begrijpt dat laatste niet helemaal. Zijn vrouw wel.

Ik sta op om mijn natte wielerbroek op het toilet met de föhn te drogen. Een deftige dame, op weg naar het damestoilet, passeert. Ze ziet een man het kruis van zijn wielerbroek strelen. Ze kijkt verschrikt. Ik kijk haar aan en trek een verontschuldigend gezicht. Ze lacht.

Ik krijg een sms-bericht binnen: *'Lieverd, ik ben blij dat je in NL bent... steeds dichterbij... doe anders een krant onder je shirt tegen de kou... Kus, held van me...'*

Ik glimlach bij het woord 'held'. Ben trots op mijn avontuur. Je kunt het namelijk ook níét doen, een nieuwe fiets gaan halen in Italië. Gewoon om de hoek kopen, met garantie en servicebeurten, niks mis mee, verstandiger misschien. Maar ik kijk naar mijn benen, naar mijn rossonero naast Julius Caesar, de kleren die liggen te drogen voor de kachel en zie dat dit goed is.

Monter stap ik weer op de fiets. Ik fluit bij het wegrijden, want de zon is gaan schijnen. De natte kleren heb ik niet meer aangetrokken. Fiets met droge sokken, een droog shirt en in mijn fleece de Limburgse heuvels tegemoet. Een blauwe lucht lacht me toe. De botten worden warm en alles loopt voorspoedig. Volgens de route-informatie van de Tour de France heb ik nog drie klimmetjes van de vierde categorie voor de boeg.

Bij fietsenmaker Jo Franssen in Ubachsberg stop ik. Zonder gêne rijd ik de ruime werkplaats in. Het is een drukte van belang. Heel wat anders dan bij vader en zoon Cucchietti in Villar San Costanzo. Tussen de fietsen en de scooters die hier worden gerepareerd, vraag ik naar de chef. Als ik hem heb gevonden, hoop ik stiekem dat hij een nieuwsgierige blik op mijn Cucchietti werpt. En dan vraagt waar die mooie fiets vandaan komt. Waarop ik hem trots kan vertellen dat-ie splinternieuw is en dat ik hem in Italië heb gekocht bij een oud-coureur die nog met Jan Janssen en Gerben Karstens heeft gereden.

Maar de chef heeft haast en hij gunt mijn fiets geen blik. Ik vraag om lucht voor de banden. Geïrriteerd roept hij de jongste bediende, die mijn banden vult. Op naar de Cauberg.

Hoewel ik een paar keer verdwaal in woonwijken gaat de tocht nu van een leien dakje. Ik probeer zo veel mogelijk kilometers te maken in dit lekkere weer. Heb een opgewonden gevoel nu de tocht bijna is volbracht. Elke angst is verdwenen, in eigen land met de eigen taal moet het wel gek lopen wil ik niet ongeschonden thuis geraken.

De intocht in Valkenburg is glorieus. Als ik een ouderwetse kabelbaan passeer raak ik half verdoofd door jeugdsentiment. Herinner me ineens een zorgeloze vakantie in 1967. Logeren in een familiepension in Gulpen, de vw-bus die de Gulpenerberg niet op komt, moeder die zwanger is en veel moet overgeven, vader die het me uitlegt, uitstapjes naar Valkenburg, de watervallen van Coo.

Als ik met flinke snelheid door de Valkenburgse straten rijd, waan ik me een echte coureur. Op de met straalkachels verwarmde terrasjes zitten wandelaars, gezinnetjes en groepjes mannelijke twintigers aan bier, fris en bitterballen. Een luide schreeuw komt mijn kant op. 'Hup Zoetemelk!'

Zes half bezopen buiken moedigen me aan. Ze roken en hun tafel is bedekt met lege en halfvolle bierglazen. Ik bal mijn vuist en steek hem in de lucht. Ze lachen, proosten en nemen nog een slok.

Ik rijd door, volg de bordjes Cauberg en maak de befaamde bocht naar rechts. Herken de huizen van de televisie die jaarlijks rechtstreeks laat zien hoe de Amstel

Gold Race hier zijn finale beleeft. In het besef dat dit de allerlaatste serieuze klim tussen Piemonte en Amsterdam is, zet ik aan.

In het spoor van denkbeeldige cracks ga ik zo hard mogelijk naar boven. Maar al snel blijkt dat mijn kracht ontoereikend is en bovendien volstrekt verkeerd verdeeld. Op twee derde is de pijp leeg, zoals dat in wielerkringen heet. Ik hijg, mijn hart klopt onstuimig. Ik krijg de trappers nauwelijks nog rond. Val stil, ga slingeren en schakel met moeite een lichter verzet. Een passerende auto die voor mij moet uitwijken, claxonneert langdurig en agressief.

Ik ben niet de renner die ik hoopte te zijn. Schaam me voor mijn Italiaanse fiets die een betere slotklim verdient.

Eenmaal boven fiets ik op mijn gemak verder over een rustige weg die via het plaatsje Berg naar Maastricht leidt. Ik heb het idee dat het is volbracht. Maar ik moet nog twee dagen. Gedurende de afgelopen jaren dat het plan in mijn hoofd rijpte om een Cucchietti te kopen en die naar huis te fietsen, had ik Maastricht als eindpunt in mijn hoofd. Daar zou ik na gedane arbeid in Wyck een witbiertje pakken en vervolgens met gestrekte benen tweeënhalf uur in de rechtstreekse trein naar huis gaan zitten. Uitgeblust genieten van het uitzicht. Beetje peinzen over de voorbije tocht en dan soezelend Amsterdam Centraal binnenrollen.

Maar hoe dichter de realiteit de droom naderde, hoe meer mensen zich met mijn tocht gingen bemoeien. Sommigen wilden een stuk van het parcours meefietsen. Anderen wilden de hele tocht meefietsen. Een derde riep dat ik Amsterdam fietsend moest binnenkomen en niet per trein.

Ik wees alles af, zorgde dat niemand in mijn buurt kwam, maar volgde wel het advies om Maastricht als eindstation te schrappen. Ook de laatste paar honderd kilometer zal ik op eigen spierkracht volbrengen.

Dus rijd ik bij een kruispunt niet rechtdoor richting Maastricht, maar rechtsaf, in noordelijke richting, naar Meerssen. Ik zie het als een statement. De weg van de meeste weerstand. Als ik langs rijksweg A2 rijd zie ik grote blauwe ANWB-borden boven het voorbijdenderende verkeer hangen. Amsterdam 198 staat er op.

Ik slik. Zover nog.

In mijn hoofd begint Bob Dylan te mekkeren: *'How does it feel to be on your own, a complete unknown, no direction home.'*

Vijf minuten verderop, bij vliegveld Beek, hangt het volgende bord: Amsterdam 196. De zon gaat bijna onder. In het dorpje Beek spelen kinderen tikkertje op een trapveldje. Anderen fietsen naar de voetbalclub met een sporttas onder de snelbinder. Limburgse jeugd op een mooie avond in mei.

Ik haal de jeugd in. Realiseer me dat ik nog een plek moet vinden om vannacht te slapen. Ooit heb ik een bed & breakfast bezocht in Baexem, nabij Roermond. Dat is me zo goed bevallen dat ik het nummer altijd in mijn mobiele telefoon heb gehouden. Ik selecteer het en druk op de groene knop. Een telefoon gaat over, maar niemand neemt op.

Ik vraag een man die zijn hond uitlaat hoever Roermond van hier is. Hij schat het op een kilometer of 30. Ik kijk op mijn teller, die 115 kilometer aanwijst. Mijn horloge geeft 18.05 uur aan. Dat wordt dus een latertje. Twijfelend fiets ik verder.

Bij station Beek moet ik het spoor over. Als ik rustig

over de rails rijd krijg ik een plan. Als hier de trein naar Roermond stopt, dan neem ik hem. Zo niet, dan fiets ik door. Ik sla rechtsaf naar het stationnetje.

Bij de gele borden met vertrektijden zie ik dat deze spoorlijn door Roermond loopt. En dat de eerstvolgende trein daarheen over vijf minuten vertrekt.

Ik loop naar de kaartjesautomaat. Neem voor 3,30 euro een enkeltje Roermond. Op het betalingsbewijs zie ik dat het 18.17 uur en 11 seconden is. Ik koester drie minuten lang de avondzon op dit stille station Beek-Elsloo.

Als de stoptrein arriveert draag ik de Cucchietti voorzichtig naar binnen. Bedenk dat hij al een Zwitserse, een Franse en een Belgische trein van binnen heeft gezien. En nu dus een exemplaar van de Nederlandse Spoorwegen. Aan boord zijn geen haken om fietsen aan op te hangen. Ik neem plaats op een klapstoel in het gangpad en houd mijn nieuwe fiets stevig vast aan zijn stang.

Ondertussen bel ik nog een keer naar het beoogde onderdak in Baexem. Weer geen antwoord.

Als ik een slokje water neem om een paar hapjes mueslireep weg te spoelen, komt de conducteur langs. Ik geef het treinkaartje. Hij knipt het en vraagt: 'Heb je ook een kaartje voor de fiets?'

Ik zeg dat ik niet weet dat zo'n kaartje nodig is. 'Normaal gesproken zit ik niet met een racefiets in de trein.'

Hij zegt op vriendelijke toon: 'Je kunt bij mij een fietskaartje kopen, maar dat kost je 32 euro extra. Maar je kunt ook op station Sittard uitstappen en daar een dagkaart voor de fiets kopen. Je verliest nauwelijks tijd, want de intercity naar Roermond arriveert meteen achter deze trein.'

Als de trein in Sittard is gestopt, loop ik vlug naar de

stationshal voor een fietskaart. Op het vertrekbord in de hal zie ik dat de intercity naar Roermond over drie minuten vertrekt.

Ik schrik, maar niet van de krappe tijd tot aan het vertrek. De intercity naar Roermond rijdt rechtstreeks naar Amsterdam Centraal. Om kwart voor negen vanavond kan mijn nieuwe fiets op Amsterdamse bodem staan. Om negen uur kan ik mijn geliefde omhelzen.

Ik bezwijk voor de verleiding. Ben het ineens zat. De stal roept, de liefde lonkt, de solo is ten einde. Het is tijd om Cucchietti's rossonero rustig in de woonkamer te stallen.

Ik twijfel niet. Druk snel de toetsen in voor een enkele reis naar Amsterdam Centraal. Op mijn betalingsbewijs staat dat het 18.38 is. Hier, op het station van Sittard, eindigt mijn fietstocht.

Voor onderweg koop ik een ijskoud broodje bal met ui, een slap saucijzenbroodje en een lauw blikje bier. Als ik eenmaal zit en voel hoe de trein zich voorwaarts beweegt, glijdt een last van mijn schouders.

In mijn notitieboekje schrijf ik: '*A/B NS Intercity Sittard – Amsterdam. Ben blij dat Nederland zo'n klein landje is. Voelt een beetje alsof ik de reis niet heb afgemaakt. Maar heb blijkbaar genoeg van die hotels en restaurants in mijn eentje. Cold turkey. Geen held, maar een loser? Station Den Bosch. Uitstappen?*'

Ik blijf zitten, kijk terug en zoek een verband tussen de dingen. De borden op de A2 die me bijna satanisch de weg naar Amsterdam wezen. Het slaapadres in Baexem dat geen gehoor gaf. De spoorwegovergang in Beek en de Nederlandse Spoorwegen die een gezant stuurden om me in Sittard op de trein naar huis te zetten. Alle seinen naar Amsterdam stonden op groen.

Zenuwachtig speel ik met mijn telefoon. Ik stuur een bericht naar mijn geliefde.

'Wat ga je vanavond doen?' veins ik interesse.

Ze gaat met een vriendin naar de bioscoop.

'Welke film en tot hoe laat duurt hij?' vraag ik zogenaamd oprecht.

Hij duurt tot een uur of twaalf.

Ik heb geen huissleutels bij me, dus stap ik om kwart voor negen uit op station Amsterdam Amstel en fiets door de drukke stad naar drs. C. De nieuwe fiets mag mee naar binnen. Hij wordt gestreeld, bewonderd en gefotografeerd. We drinken champagne en horen Jimi Hendrix zingzeggen dat *The Wind Cries Mary*.

Ik vertel de verhalen van onderweg en luister naar de verhalen van hier. Iets voor middernacht ga ik weg. Onverlicht rijd ik de straat uit. Een zwarte bouvier rent achter een tennisbal aan die mijn kant op stuitert. De hond springt met zijn volle gewicht tegen mijn fiets. Ik val, maar blijf ongedeerd. De nieuwe fiets heeft ook geen letsel. De eigenaar van de hond put zich uit in excuses. Ik vloek van schrik en fiets snel door.

Swing door Amsterdam. Mijn geliefde wacht, maar ze weet het niet. Eén straat voor de mijne stop ik en bel haar op. Ze ligt net in bed en is blij mijn stem te horen. Hoewel er een rinkelende tram passeert, gelooft ze dat ik in Baexem zit, waar we ooit samen waren.

Als ik in de verte weer een tram zie naderen, hang ik op met een smoes.

Haar laatste woorden: 'Ik ga lekker van je dromen.'

Ik fiets langzaam de laatste tweehonderd meter naar huis. Met een van voorpret bonkend hart sta ik voor de deur. Ik bel aan.

Voorzichtig kijkt de liefde door een kier.
Ze schrikt, lacht, kust, ziet de nieuwe fiets en zegt: 'Wat is-ie mooi...'
We gaan naar binnen.

Epiloog

Drie maanden logeert de nieuwe fiets in de woonkamer. Leunend tegen de boekenkast waarin Tommy Wieringa's verscheurde boek *Ik was nooit in Isfahaan* met een breed elastiek wordt bijeengehouden. Benjo Maso staat ernaast.

Vrienden komen de rossonero op kousenvoeten bekijken, alsof een teerling is geworpen.

Op straat wordt de nieuwe fiets herkend vanwege een groot artikel over zijn lotgevallen in *de Volkskrant*.

Ik krijg een gedicht toegezonden, geschreven vanuit het perspectief van mijn vader.

Dirk wat was jij dichtbij toen je over de Alpen reed
Je rug nat en je haar in het zweet
Ik riep nog 'Dirk, ik houd van je' de echo nam het over
Golvend van bergwand naar bergwand, daarna stil, was het over

Mijn vader heb ik sinds de Vogezen niet meer gezien.

Ook in het Olympisch Stadion is hij niet gesignaleerd.

Het ziekenhuis waarin hij stierf, is door een meubelboulevard aan het oog onttrokken.

Mei 2009